婚恋与选择

——经济学告诉你古今婚恋的奥秘

俞炜华 著

山东人民出版社

图书在版编目（CIP）数据

婚恋与选择 / 经济学告诉你古今婚恋的奥秘 / 俞炜华著 . —济南：山东人民出版社，2011.10

ISBN 978-7-209-05907-7

Ⅰ.①婚… Ⅱ.①俞… Ⅲ.①婚姻问题—研究②恋爱—问题—研究 Ⅳ.①C913.1

中国版本图书馆CIP 数据核字(2011) 第197325 号

策划 & 责编：董新兴
插　　图：范　军
封 面 设 计：罗　森

婚恋与选择

俞炜华 著

山东出版集团
山东人民出版社出版发行

社　　址：济南市经九路胜利大街 39 号 邮政编码：250001
网　　址：http://www.sd-book.com.cn
发 行 部：(0531)82098027 82098028
新华书店经销
三河市华东印刷有限公司

规　格　16 开 (165mm×230mm)
印　张　13
字　数　200 千字 插页 1
版　次　2011 年 10 月第 1 版
印　次　2018 年 2 月第 2 次
ISBN 978-7-209-05907-7
印　数　1—5000
定　价　29.80 元

像经济学家一样思考婚恋

董新兴

　　一个月前，同行朋友来办公室串门，看到我正在编辑的书稿《婚恋与选择》，问道：社会学图书？答曰：经济学图书！朋友紧锁眉头离开了。

　　的确，在一般人的印象中，爱情、婚姻是伟大的、神圣的、纯洁的，是文学艺术的"永恒话题"，即使在学术上做点研究，也不过是社会学家、伦理学家的事，跟庸俗的经济学有何干系？

　　然而，在海外，早在上世纪六十年代就有人把经济学的方法运用到婚姻家庭问题的研究之中，这个人就是著名的经济学家加里·贝克尔。1965 年贝克尔发表的论文《关于时间分配的理论》，就涉及家庭内部的分工合作问题。此后十几年间他一发不可收拾，连续发表了一系列的关于婚姻、家庭、生育等方面的许多论文。最后这些论文经修改整理重写后于 1981 年结集出版，这就是著名的《家庭论》（A Treatise on the Family）。贝克尔还用经济学的方法研究了人力资本、歧视、犯罪、吸毒等问题，最终因"将微观经济学分析扩展到更大领域，比如各种各样的人类行为和交往，甚至非市场行为"，于1992 年获得诺贝尔经济学奖。

　　然而，由于种种原因，现代经济学在国内传播的时间很短——从改革开放算起也就 30 年的时间；经济学教育和普及工作也做得非常不够——不像发达国家那样早就将经济学纳入了中小学甚至幼儿园阶段的教育。这也难怪我那位同行朋友对这样一部图书感到不解了！

近几年来，国内也有几本所谓的"爱情婚姻经济学"图书出版，但读后总有隔靴挠痒之感。读了俞炜华博士的《婚恋与选择》书稿，顿感眼前一亮——这是一本用经济学的方法和文学般的语言，深刻系统地解剖古今爱情婚恋的图书，实在难得。我早就在《经济学家茶座》上拜读过俞博士写的一些用经济学方法探讨婚恋问题的稿子，但是读到《婚恋与选择》还是叫人拍案叫绝！

俞博士的这本书，可能会给您"离经叛道"之感。饱受"道德高尚的正人君子"诟病和批判的中国古代许多婚姻制度，在俞博士看来却有着符合当时历史条件的经济理性。在他的笔下，恋爱权也是一种天赋人权；一夫多妻制是"有利于女性"的一种制度安排；男人纳妾"不仅提供了穷人向上流动的路径，也打开了富人向下流动的通道"；童养媳制度"让一些父母无力养育的女孩子有了托身之所，让那些原本不可能来到人世的女孩子来到这个让其饱受艰辛的人世，让娶不起老婆的男性能够娶得起老婆，让社会变得更加和谐，善莫大也"；裹脚不过是"以身体伤残的方式降低女性驯服成本的手段，目标是降低家庭内的交易成本"；而三从四德也不过是"以精神伤残的方式降低女性驯服成本的手段，目标是降低家庭内的交易成本"……根据俞博士的分析，婚姻这种男女间通过家庭内分工，实现合作利得的组织形式，会随着基因技术的进步走向尽头，代之以母系社会的复兴……这些颠覆许多人的传统认识的观点，乍读，意料之外；细读，情理之中。这个情理就是经济学的逻辑。本书还对许多婚恋爱情现象，比如鲜花插在牛粪上、老牛吃嫩草、剩女、失恋、处女情结、试婚、出轨、二奶等，以及近期出现的"丈母娘推高房价"、婚姻法新司法解释等新问题等做了细致的经济学分析。全书以"一个现象要长久存在，背后一定有其经济理性"为信条，将成本收益、边际分析等经济学方法贯穿于全书，让人感受到"经济学帝国主义"的强大力量。就像作者在自序所说，即使您不完全同意作者的这些"离经叛道"的观点，但细读本书后，您至少会认为这样的解释还是有一定的道理的。

像俞博士这样用经济学的方法来研究婚恋家庭等"非经济学问题"的现象被称为"经济学帝国主义"。或许我们被帝国主义侵略怕了，一提起帝国主义，许多人都是深恶痛绝。而实际上，"经济学帝国主义"一词加了引号，说明这不过是个比喻。它说的是经济学凭借强大的分析工具，成功地"入侵"其他学科，并取得了骄人的业绩，许多经济学家（例如贝克尔）靠其登上了诺贝尔经济学奖的宝座。这与帝国主义武力扩张（当然靠的也是一种实力）是截然不同的。帝国主义武力扩张是一种双输博弈（战争对双方经济社会严重破坏）或者零和博弈（你的地盘大了我的地盘就小了），而"经济学帝国主义"的扩张是一种双赢博弈或者共赢博弈，它促进了经济学和其他学科的共同发展，为全人类造福。近几十年来，学科的交叉研究成为社会科学界和自然科学界科学发展的趋势和共识。而实际上，从古到今，学科的交叉就没有停止过。举个大家都比较熟悉的例子，现代医学和药学的产生和发展与化学、物理等学科的发展密切相关。现代西药大部分都是化学药品，即使是所谓的生物制药，也是用化学的方法化验和制作，所有的现代医疗器械（比如B超、X光机等）都是物理科学发展的成果。可以说，没有现代化学和物理学的发展，就没有现代医药学。从这个角度看，我们完全可以说现代医药学是"化学帝国主义"和"物理学帝国主义"入侵医药学的结果。可是，这样的"帝国主义"又有什么不好呢？

其实，各学科之间本来就没有严格的界限，也不应该有严格的界限。所有学科的学理都是相通的，甚至自然科学和社会科学的学理也是相通的。人们之所以划分学科，其初衷是为了专业化分工，以提高生产效率。但是如果画地为牢，作茧自缚，就会阻碍科学创新，与专业化分工的初衷背道而驰！

所以，对"经济学帝国主义"一词，你不要把它理解成贬义词，而要理解成褒义词。我很欣赏俞博士公开坦承自己是"一个无可救药的、彻底的、'无耻的'经济学帝国主义者"。这里我们看到的是一个真正的学者的大无畏的科学态度——科学是没有疆界的，科学家只向真理投降。这一点，贝克尔早就给我们做出了榜样。贝克尔在用经济学的方法征服了许多领域以后，从来没有以被人称为"经济学帝国主义者"为耻，而是以之为荣。2005年6月2日，贝克尔在北京大学中国经济研究中心万众楼回答记者提问时说，他非常喜欢"经济学帝国主义"这个说法。"这不是一个社会征服另一个社会那样的概念。经济学的方法可以用于更广泛的方面，而且可以和物理、生物、化学、生物工程等学科结合起来。经济学家想知道，能否用经济学的工具解决

一些传统经济学解决不了的问题，例如社会、家庭、犯罪问题等等。"（经济观察报，2005年6月12日）大师就是大师！

打开网络，几乎每天都会看到有男女大学生、年轻人为情所困而走上不归之路，真是叫人痛心！这反映出他们在爱情婚恋方面理性的严重不足。然而谁应该对这些极端事件负责？作为教育者，作为学校，有没有道义上的责任？我们给孩子灌输的知识中有多少是有价值的？像婚恋知识这些人生中一定会用得到的重要知识我们有没有告诉他们？记得俞博士在本书自序中说，他曾经向学校申请开设"爱情、婚姻和家庭经济学"选修课，但是被专家组拒绝。这实在叫人惋惜和不解！我真心希望我们的学校，我们的家长，我们的整个社会本着对民族负责、对下一代负责的精神，多向孩子灌输一些有用的知识，也希望青年男女通过这本书加深对爱情婚恋的认识，增加理性，减少盲目和冲动，让自己的青春更美好。如此，我想作者写作本书和编者出版本书的目的也就达到了。

我早就有出版一本这样图书的打算，一直没找到合适的作者。一度我也想自己亲自写作这样一本书，甚至有出版社给我列入了出版计划。但是由于力有不逮，也由于时间限制，一直没有动手。去年夏天在南京召开的《经济学家茶座》出版十周年座谈会上我见到了俞博士，一番详谈之后，当即我就认定已经找到了写作此书的合适的作者。现在俞博士的稿子来了，果然不负我望。下一步的任务，就是尽快付印，尽快出书，以飨亲爱的读者——早就听说俞博士的学生已经等不及了！

当然，出书后我也不会忘记送给我那位同行朋友一本，希望能解开他那紧缩的眉头。

2011年10月

（董新兴，山东人民出版社编审，《经济学家茶座》策划人和执行人，山东大学经济学院合作导师，"中国儿童经济学教育的拓荒者"，著有"中国人写给中国儿童的第一本经济学读物"《小书包里的经济学》。）

"离经叛道"侃婚恋

贝克尔等经济学先贤筚路蓝缕，以启山林，使婚恋家庭经济学成为现代经济学重要的组成部分。在阅读和思考贝克尔、波斯纳和张五常等学者关于婚姻问题的洞见时，深深地为经济分析方法的魅力所折服，使我从一个经济学帝国主义者变成一个无可救药的、彻底的、"无耻的"经济学帝国主义者。在每次思路枯竭时，我会一次次重读贝克尔的《家庭论》等经典书籍，学习其精妙的分析视角，为我的写作寻找灵感。用相对通俗的语言将这些学者的洞见介绍给一般的读者，可能是愚笨的我能为经济学帝国主义大厦添砖加瓦的唯一方式。

波斯纳在《性与理性》一书中这样写道："经济学理论把这些视角、洞见以及其他可以公道地称为科学的或是社会科学的性态理论都包容进来，整合为一体，并超越了这些理论。"对爱情、婚姻和家庭的研究同样如此。本书就试图应用理性选择工具整合历史学、性学、社会学、社会生物学等学科对爱情、婚姻和家庭的思考，当然，成功与否，有待读者评判。

本书的不少内容在西安交通大学面向全校本科生的通识类选修课"社会问题的经济学分析"中得到使用，在课上、课后甚至在答题纸的最后，学生时常表达这样的想法："老师，您讲的东西我能够接受，但决定爱情和婚姻不仅仅是成本和收益。"这种问题在一些非经济学专业的专家中同样存在。记得在向学校申请开设"爱情、婚姻和家庭经济学"选修课的答辩中，专家组

就否认了开设这门课程的价值，认为爱情、婚姻和家庭是情感关注的事情，无法用庸俗的经济学成本收益法去解释，经济学"捞过界"了。

面对这样的质疑，我时常觉得语言贫乏。"我们从事经济学研究的人只懂得经济分析方法。"这个万金油的答案是我敷衍学生提问的唯一方法。的确，如果我没有学过和思考过相关问题，让我接受"一夫多妻制有利女性"、"小妾制度在特定的历史时期有其社会价值"、"童养媳有利于女性"、"门当户对和父母之命、媒妁之言有其经济理性"等命题有很大的难度。感谢学生对我"胡说八道"的宽容！如果读者向我问同样的问题，也许我本人信奉的一个原则——"一个现象要长久存在，背后一定有其经济理性"可能是这个问题更好的答案。

尽管应用经济学分析人类的爱情婚姻制度，给人感觉以冷血，这也是不少人认同成本收益分析，但无法在情感上接受其可以应用于爱情婚姻问题分析的原因之所在。在现实中，每年有多少年轻男女因为感情问题走上绝路。如果能理性的看待爱情和婚姻问题，尊重自身的生命和对方的选择，就能挽救在爱情中迷失自我的灵魂，也许这是经济学"经世济民"的具体体现吧。希望本书能在爱情和婚姻家庭的选择中普及一些理性的种子。

要吸引读者购买本书，需要对本书的特色作生动而又能吸引人的描述。在这里，我就做一番"王婆卖瓜，自卖自夸"的陈述，希望"过往的君子""走过、路过不要错过"。

本书的第一个特点是遵循道德中立原则，即对所分析的婚姻现象，如出轨、婚前同居、一夫多妻制、童养媳等不作道德上的判断，只是应用成本收益法分析这些现象存在的经济根源。因为我相信在这个世界上从来不缺乏"道德主义者"，缺乏的是对所谓"不道德"现象的理性分析。更何况随着约束条件的变化，爱情、婚姻和家庭现象也会随之发生变化，人类的婚姻道德和观念也会随之发生变化。500年前的人如果穿越时空到现代，可能无法接受现代人的爱情、婚姻和家庭观；500年后的人看现代人的爱情、婚姻和家庭，可能会认为是非常的迂腐和可笑。其实，不用500年，近20年来中国人的爱情婚姻家庭观的变化就说明了这一点。

第二个特点是对中国传统婚姻家庭的经济分析。中国传统婚姻制度为什么是这样安排的？一些后人无法接受的婚姻制度安排，如童养媳、小妾、裹小脚等在特定的历史时期有何社会价值？作为中国传统文化的一名爱好者，诸如此类的问题一直萦绕在我的脑海。不要怀疑前人的智慧，中国古代婚姻制度能够基本不变地维持几千年，自有其逻辑合理性在里面，简单地将其归纳为"男性对女性的压迫"并不是一种科学的态度。经济学的作用就是分析其存在的合理性及在现阶段其合理性丧失的原因。本书就试图作这样的尝试。

第三个特点是紧跟婚姻新现象。本书对最近几年舆论和网络讨论非常火热的"三高"剩女、丈母娘抬高房价、丈夫应该为妻子的家务劳动支付工资等社会关注的爱情和婚姻现象进行分析，希望为分析这些现象提供理性的观察视角。

最后一个特点是"大胆假设，小心求证"。"人类婚姻没有未来"、"小妾制度和科举制度一样促进了社会阶层流动，促进了社会和谐"等命题看上去是如此"离经叛道"，细读本书相关章节后，我敢保证即使您不同意我的论断，至少会认为这样解释还是有一定的道理的。

笔者的联系邮箱为：xjtuyuwh@hotmail.com，欢迎读者批判指正！

是为序！

目　录
CONTENTS

第 1 节
稀缺、选择与爱情

问世间情是何物，直教生死相许。

天南地北双飞客，老翅几回寒暑。

欢乐趣，离别苦，就中更有痴儿女。

君应有语，渺万里层云，千山暮雪，只影向谁去。

横汾路，寂寞当年箫鼓，荒烟依旧平楚。

招魂楚些何嗟及，山鬼暗啼风雨。

天也妒，未信与，莺儿燕子俱黄土。

千秋万古，为留待骚人，狂歌痛饮，来访雁丘处。

——［金］元好问

爱情，是人类一个恒久的主题。美丽的爱情故事总引起人们无尽的遐思与梦想。美好甜蜜的爱情让人迷醉向往。从美丽的邂逅到月下的低语，依依的不舍，从无尽的相思到甜蜜的重逢，每一个过程都无不让人回味，让人痴迷。每个人都希望得到理想的爱情，每个人一生中也都会拥有自己的爱情故事，每个人也都希望拥有成功的爱情。

可惜的是，"上帝目光所及，皆可交易"，"庸俗"的经济学将纯美的爱情与锱铢必较讨价还价的市侩行为相类比，将折磨人到死去活来的爱情纳入理性的分析框架，基于理性的成本和收益分析为什么"鲜花会插在牛粪上"，为什么有人一见钟情而有人却日久生情……

当然，不少人会认为：怎么能用功利的态度来看待爱情，以及由爱情导致的最亲密的人类关系呢？施蒂格勒在《乔治·施蒂格勒回忆录》中的回答表明了经济学对这个问题的看法："如果不经过理性的思考，又怎么能形成如此深入而持久的关系呢？不正是这种事先慎重的考虑才使婚姻变得如此神圣吗？如果没有长久后果的考虑，人

1

们能指望这种关系维持下去吗?"

经济学的基本假设是理性，但爱情从一定程度上却起源于非理性，即使最极端的经济学帝国主义者也不敢保证经济学能说明"为什么就在一刹那，某位女士就这样喜欢上了某位男士"。但这并不意味着经济学在爱情问题上没有发言权，即使经济学家不能说明贾宝玉为什么会更喜欢林黛玉而不是薛宝钗，但经济学家知道"焦大不会爱上林妹妹"①，在感性的冲动中，也包含理性的衡量。

即使爱情的开始是一种不需要理由的盲目冲动，但在后来的发展过程中，谁都知道不动脑筋是无法赢得姑娘的芳心或小伙的青睐的，有付出不一定有回报，但没有付出肯定是没有回报的。因此，爱情固然有经济学无法解释的感性成分，但同样也包含着更多的理性成分。

经济学是研究稀缺资源的最优配置问题，因此，如果爱情能够与稀缺和选择相联系，爱情就是经济学研究的对象。

有一首歌这样唱道："十个男人七个傻，八个呆，九个坏，还有一个人人爱。"在女性的眼中，好男人只占全部男人中的十分之一，很明显，好男人是一种稀缺物品，即经济物品。你喜欢好男人，其他女性也喜欢那些"上得了厅堂，下得了厨房"的好男人。为了实现"好好爱，不要让他离开"的目标，就需要增加投入，如去割一个韩式双眼皮，去学做他的家乡菜，讨好他的亲戚等等。这些投入需要花费时间、金钱甚至肉体上的痛苦，同时，还要放弃一直在追求你的那位"呆"男性。同样的分析也适合于男性追求女性。因此，作为人生的一项重大选择，面对稀缺的好男（女）人，我们会面临"爱谁"、"如何去爱"等种种选择。

爱情经济学还需要剖解那些所谓"人人爱"的成功人士。首先，好男人也有多重标准，同时具有刘德华那么帅，李泽楷那么有钱，唐伯虎那么有才的白马王子在现实生活中并不存在，你为了得到（西安）交大男生周星驰般浪漫的后现代主义的爱，就不得不放弃复旦男生的小资情调。其次，女孩子必须知道，"金无足赤、人无完人"，所谓的好男人也是由多棱角、多侧面所构成，在风光无限的背后也许存在着你无法想象的阴暗面。比尔·盖茨够好了吧？但他在哈佛上大学期间常去看脱衣舞表演，也曾经和一个大他九岁的女性同居，甚至连结婚都要经过那位女性同意，在婚后每年还要

---

① "教育和家庭背景是很重要的，因为爱情更容易在受过同等教育的和有着相同家庭背景的男女之间产生和发展"。（贝克尔：《家庭论》）

选 择

留出一个星期给那位女性。除此之外，比尔·盖茨还具有男性的通病，就是不讲个人卫生。贝克汉姆是女性的另外一个偶像。他风度翩翩、时尚前卫，身体强壮，拥有的金钱尽管和比尔·盖茨的差距不小，但过一辈子衣食无忧的快乐日子应该绰绰有余，但有幸得到他的"辣妹"维多利亚不得不忍受他花心和新闻媒体无休止的花边新闻，当然还有专横。（欧北望：《爱情经济学》）爱一个人就是爱一个人的全部，选择了学者的博学，也就选择了清贫；选择了商人的精明，也就选择了别离[①]……"为有云屏无限娇，凤城寒尽怕春宵。无端嫁得金龟婿，辜负香衾事早朝。"李商隐的《为有》正是对金龟婿多面性的集中体现。

人的效用由多方面所构成。金钱、事业与爱情等都是效用函数中重要的自变量，而这些自变量之间也交织在一起，相互影响。

首先分析事业与爱情的关系。少年情窦初开之时，正是父母管教最严之时，原因

---

① 白居易《琵琶行》："商人重利轻别离，前月浮梁买茶去。去来江口守空船，绕船月明江水寒。"

3

就在于此时恋爱的（机会）成本非常高。放弃学业而取爱情，将会影响人们一生的事业前途，理性的父母就会干预儿女的恋爱行为。上大学后，家长对恋爱的干预就少了，因为他们知道，在进入大学阶段之后，爱情对未来事业的影响减弱，爱情成本已经降低，即使恋爱不成功，累积点经验也好。因此，我们可以观察到大学生是恋爱生活最丰富的一族：花前月下，一对对情人山盟海誓。但大学毕业却与劳燕分飞紧紧地联系在一起，"毕业那天让我们一起失恋"。当男女大学生面临事业与爱情冲突的时候，又有几个会选择爱情呢？

将爱情与金钱联系在一起，恐怕是很多有爱情"洁癖"的人无法容忍的。一些在新闻媒体中报道中"钓金龟婿"的女大学生和研究生，在网上常被骂个狗血喷头。其实这些吃螃蟹者只是说出了广大女同胞不敢说出来的话而已①。既然男生可以"学而优则仕"，说得白点就是"学好文武艺，卖与帝王家"，女性当然也可以通过爹娘给的美貌和后天努力得来的能歌善舞"待价而沽"；既然男性"学而优则仕"被认为是有能力的象征，我们为什么还要把女性的"待价而沽"视为不正常呢？

当然，男同胞也不要笑女性崇拜金钱。有几个会放弃少奋斗10年的机会，选择出身穷苦的女孩子呢？恐怕不少人只是条件不够，没有机会而已。否则也不会有那么多的男性在萧山倒插门，为了安稳的日子，连祖宗的姓氏都可以不要。"唐僧"不是放弃了貌美如花的"女儿国皇帝"，选择了年纪大自己很多的香港富婆过起了金丝鸟般的生活吗？

说到这里，恐怕有不少的人会认为我在偷换概念，将爱情和婚姻混为一谈，认为金钱可以购买婚姻，但购买不到爱情。事实是否如此呢？首先，我们将理解的视角换一下，上面的论述说明的就是一个人会因为多少金钱放弃自己的爱情。当然，在这里，爱情包含两种含义，一种是和自己相爱的人相处的甜蜜，第二种就是（没有谈恋爱的人）对爱情的甜美预期，即经济学意义上的预期爱情收益。"庸俗"经济学衡量爱情有多深的一种有效方法就是用多少金钱可以让你愿意放弃现在的感情或对（未来）爱情的甜蜜预期；其次，无论各位有没有意识到，在选择爱人的时候，经济条件，即使不是最重要，也是一个重要的考虑因素。大家想一想，如果有人给一个单身的女性介绍男朋友时，总是先说这个男性很有才，接

---

① 现阶段的新女性已经敢于表明自己对财富的偏好。在2010年发表的《广州女大学生价值观调查红皮书》表明有近60%的女大学愿意嫁给富二代，理由是可以少奋斗许多年。

着要附带说一下这个男性现在的经济情况。这两者都和金钱联系在一起，"有才"意味着具有将来养家糊口的能力，而现在的经济状态除了提供男性有才的证据之外，还为有可能到来的爱情和婚姻生活提供坚实的物质基础。对于落魄才子，有几个女性愿意以身相许？宋代有"榜下择婿"的习俗，为什么要等到确定考上了才有可能被选择？

当然，经济学并没有否认世界上存在为爱情甘愿放弃生命和金钱的人。"王宝钏"苦守寒窑18年的故事已传唱千年，但这种在效用函数中将爱情放到无穷大位置上的人，毕竟是少数。

与王宝钏类似，穷途公子落难，小姐花园订亲事是我国戏曲演绎的重要主题，结果往往是落魄才子东山再起，他们幸福地生活在一起，小姐的眼光和决心也受到大家的传唱。但大家不要忘了，富家女和穷小子的结合，更为常见的是落魄公子更为落魄，小姐独自流泪到天明，暗骂所嫁非人。对于这种高风险而未必高收益的事情，有几个富家女愿意一试？落魄公子被天上掉下来的馅饼砸中的概率太小了，富家女的行为也更多出现在剧本而不是现实中。①

选择一个出身穷苦家庭的漂亮美眉就有可能失去一个相貌平常的富婆，选择一个高傲的情人就必须放弃一点自尊，选择花前月下就有可能失去升职的机会……每一个人的爱情都与选择联系在一起，完美的爱情就像完美的恋人一样不可能找到。没有例外的是，你要享受爱情的甜蜜，就要承担爱情所带来的种种成本，高贵的爱情与庸俗的经济学就在选择问题上出现了交集。

---

① 为什么剧本中会大量出现现实生活中很少出现的富家女与落魄公子的故事？可能的一种解释是写剧本的多为文人，尤其是落魄公子。——在现实生活中不可能出现，在剧本中"意淫"一下总可以吧？

第2节
恋爱的成本和收益

上邪！我欲与君相知，长命无绝衰。山无陵，江水为竭，冬雷阵阵，夏雨雪，天地合，乃敢与君绝。

——汉乐府

爱情，这种把人折磨得死活来的迷人的情感运动，同样遵循着成本收益的经济思维。

什么叫爱一个人，爱一个人就是"你快乐我就快乐，你痛苦则我也痛苦"。用经济学专业术语表达就是在我的效用函数中有你的效用，而且，你的效用越高，我的效用也就越高。在喜怒哀乐被对方牵着走的时候，成本和收益也得以凸显。

"在那遥远的地方，有位好姑娘，人们走过她的帐房，都要回头留恋地张望。她那粉红的小脸，好像红太阳；她那活泼动人的眼睛，好像晚上明媚的月亮。我愿做一只小羊，跟在她身旁；我愿她拿着细细的皮鞭，不断轻轻打在我身上。我愿意抛弃了财产，跟她去放羊，每天看着那粉红的小脸，和那美丽金边的衣裳。"

在上面那首广为传唱的《在那遥远的地方》中的男主角，为了追求"遥远的地方"那位活泼可爱的好姑娘，所付出的成本是"抛弃了财产"，所得到的收益是"每天看着那粉红的小脸，和那美丽金边的衣裳"，以及"细细的皮鞭抽打"。

什么？"细细的皮鞭抽打"是爱情的收益？有没有搞错？没有！有过爱情经历的人应该可以非常自信地告诉你"细细的皮鞭抽打"给人带来的快乐感是非常之巨大，不信你试试！

爱情的成本与收益到底为何？且听我慢慢道来。

爱情的收益主要有以下几种。

第一，因爱情是一种情感消费，人们会从恋爱中获得甜蜜与快乐等感觉，这会给恋爱者带来效用。

第二，通过恋爱过程了解异性，减少双方间的信息不对称，淘汰不适合一起组建家庭的异性，为以后建立稳定的婚姻关系和男女双方共同生养小孩打下基础。"以性为基础的爱情使男人和女人走到一起并且为了繁重的抚育任务而甘苦与共、风雨同舟"。（马尔科姆·波茨和罗杰·肖特：《自亚当和夏娃以来——人类性行为的进化》）爱情不能根除但却可以减少婚后夫妻相互间的利益冲突。如果我喜欢自己的妻子，在使她幸福这一点上，我们的利益就是一致的。如果她也爱我，在使我幸福这一点上，我们也有着共同的利益，这种共同利益就能减少婚后夫妻间的冲突，从而降低婚姻内的交易成本。

第三，尽管一些爱情的目标是婚姻，即男女间的长期契约，但在现实中，我们也可以看到一些可能根本无法在一起的男女爱得死去活来。那么，爱情对于他们的收益又是什么呢？

可能的原因之一是了解异性，为将来的爱情婚姻作准备。毕竟每一个人除了具有自身的特征外，还具有其性别所具有的共性。通过与异性的交往，了解异性的行为和心理，提高将来爱情和婚姻的成功率。一些大学生不是以"练爱"一词替代"恋爱"吗？

可能原因之二是建立短期契约，满足短期内男女的感情和性等方面的需求。两性生理条件的差别决定了两性之间服务交换的互利性。尽管处于爱情中的两性可能无法建立起长期的契约关系，但在短期内，男性可以以随叫随到的体贴、陪女性上街等方法换取女性的温柔和关心，对两性而言均能带来回报。

尽管付出不一定有回报，但没有付出一定没有回报。下面我们分析为爱情所必须付出的代价。

第一项成本是物质成本，如交通费、礼品费、手机费、餐饮费等。爱情是需要以物质作为支撑的。在大学，没有钱是不敢追女孩子的。如果你非常喜欢你的恋人，你不能只将爱意埋在心头，也不能光表现在嘴巴上，只是在见面后甜言蜜语。这样一次两次还可以，时间长了对方就不相信了。所以你还需要不失时机地用物质形式向她献殷勤。例如，给她买玫瑰，以换取她的芳心；请她喝蓝山咖啡，给爱情制造浪漫；送她以别墅和宝马，给她以品味；送她"永以为好"的定情之物——以前的"木瓜"，现在的多少克拉的钻戒，给她以尊贵荣耀之感……

因此，在其他条件不变的前提下，那些拥有更多物质财富的人，也就可能拥有更多的爱情故事。比如出身"白玉为堂金做马"世家的贾宝玉与林黛玉以及出身世袭贵

恋爱成本

族的罗密欧与朱丽叶。毕竟只有他（她）们才可以不愁吃穿，有足够的资本去整天爱呀恨呀。换做一般的穷人，如此恋爱，早就饿死了。

第二项成本为精神成本，包括绞尽脑汁讨对方欢心、在"你快乐所以我快乐"过程中情感的付出和在可能失恋时寻死觅活的痛苦等。从《关雎》中的"求之不得，寤寐思服。优哉游哉，辗转反侧"到《子衿》中的"一日不见，如三月兮"，在爱情过程中，男女双方都需要付出很高的精神成本。

拥有更多精神财富的人，其恋爱的精神成本也较低，因为爱情需要甜言蜜语去浇灌。文人骚客应用自身优势，动之以情，一曲长相思，就能把美眉感动得泪流满面，也较有可能出现更多不一般的爱情故事。问世间能有几多女子可以面对司马相如的长赋和徐志摩的情诗而无动于衷？

第三项成本为机会成本。机会成本其实有两种可能性，一种指在一定的时空条件下，由于社会道德与法律的约束，选择某一异性便丧失了选择其他异性的权利与可能；另外一种则是指保持单身的收益。

第四项成本为时间成本。爱情是一种时间相对密集的活动。随着时间价值的提高，生产爱情的成本也随之提高①。在其他条件不变的情况下，时间成本的增加将导致爱情行为的减少。因此，在生活悠闲的乡村要比繁忙的都市有更多爱情行为，这也造成了在城市众多钻石级单身贵族没有婚配这种现象，而农村就不太可能有钻石级单身男女存在。闲得无聊闷得发慌的大学生，爱情行为最为丰富。在有工作以后，为了金钱生计、事业理想，可能也很少有时间精力在爱情方面做过多的投入，爱情的时间成本陡然增加。为了提高恋爱的效率，也不得不改变谈恋爱的方式，爱情也多是快餐和速配式的。一个工作繁忙的白领，即使有罗密欧那样的闲情逸致，也没有那么充裕的时间，跑到朱丽叶窗下，没完没了地演奏着小夜曲，唧唧歪歪地诉说甜言蜜语。

尽管爱情需要支出那么多的成本，但爱情给男女带来的快乐感是如此强烈，以至于一代代少男少女为享受爱情，放弃诸多选择，甚至自己的生命裴多菲不是有一个名言"生命诚可贵，爱情价更高"吗？

---

① 一个人时间价值的上升有两个效应。一个是收入效应，即时间价值的增加意味着个人收入的上升，这个人更多的钱用于爱情生产，如以前买不起玫瑰，现在一买就是 99 朵，这当然会增加爱情产出；另外一个效应是替代效应。经济学一般认为与替代效应相比，收入效应比较小。因此，本文只关注替代效应。

第 3 节
爱情婚姻市场中的信息

从南京到北京，买的没有卖的精。

——俗语

为什么在爱情市场上寻找一个称心如意的伴侣会如此困难？为什么结了婚的男人或女人时常会发出所娶（嫁）非人的感慨，并有不少人义无反顾地选择结束现有婚姻，开始新的痛苦的寻觅过程？……

对于此，贝克尔的解释是信息的不完全。在《家庭论》中，他这样写道："信息的不完全可能经常被人们忽视，然而它却正是离婚、在婚姻市场上寻觅配偶、孩子对年长父母的捐赠、家庭成员之间的相互信任和其他行为的实质所在。"

既然在爱情和婚姻市场中，信息不完全是男女双方均需要面临的一个重要问题，并影响婚姻的达成及随后婚姻和家庭生活中的方方面面，本节我们就将分析的重点放在爱情和婚姻市场中的信息问题，破解其对爱情婚姻的影响。

逆向选择与信号显示

逆向选择是指当一个人对一种物品特征的了解比另外一个人多时，了解信息少的人就有买到低质量产品的危险。为预防这种现象的发生，理性人将按风险、品质差异等等因素综合报价，该报价将低于高质量产品的价值，而高于低质量产品的价值，为此，那些高质量产品将会退出市场。此时，了解信息少的那些人会因为购买到低品质产品的概率增加而降低报价，这将进一步促使高质量和次高质量的产品退出市场。这个过程不断地进行，直到没有市场交易发生为止。

爱情和婚姻是男女间双向选择的过程，但无论是男性还是女性均了解自己的品质，而对对方的品质不甚了解。以女方为例，女方知道自己品质的真实信息，而对男方则了解有限。这样女方就会想方设法提高自己的价值，将自己最美好的一面表现出来。例如，一个脾气暴躁的女生在恋爱中会表现得小鸟依人般温柔。男方也不傻，尽

信息不对称

管他不能了解女方的真实信息，但知道女方的平均品质，也就只愿意出与之相适应的价格。这样一来，那些高于中等价的上等品质的女生就可能会退出婚恋市场。而随着上等品质的女生退出婚恋市场，男生会继续降低出价，次上等品质女生就会退出婚恋市场。其发展的极端形式是爱情市场上成了劣质女生的展览馆，婚恋市场也就成为没有交易的市场。尽管现实并没有那么极端，社会成交量小于实际均衡量是我们可以观察到的，优质"三高"剩女的存在就说明了逆向选择在婚姻市场中的作用。对男方的推理过程与此相同。

尽管逆向选择的存在增加了爱情婚姻市场的交易成本，使得该市场成为不完全竞争市场，有效地增加了旷男怨女的数量，但从现实看，人类还是比较有效地克服了婚姻市场的逆向选择问题。具体的原因有以下几个。

第一，爱情婚姻市场中交易的双方既是购买方又是出售方。作为购买方，其会面临信息不完全问题，但作为出售方，又具有信息优势。最终市场上成交的双方会发现，尽管对方没有在恋爱中表现得那么好，但自己也没有那么好，双方仍在等价交换

的范围内。

第二，在爱情婚姻市场上，经过长久的交往，个人的私人信息仍能以各种形式被对方得到，这就有效地降低了信息的不对称程度。台湾文化大学的马泰成教授在我们单位授课时，曾经提及男女性选择伴侣应该重点考察的关节点，我们认为非常有道理。在征得马教授的同意后，下面与大家分享。马教授认为，爱情婚姻市场中的男性在考察对方是否是适合自己的结婚对象时，应该观察其对小孩的态度。一个非常爱小孩的女性，在婚后，为了自己小孩有一个良好的发展环境，会克服种种困难，如尽力与老人好好相处等。女性在考察男性是否是自己的良好伴侣时，应该考察男性是否有三个方面的问题：是否酗酒，是否沉迷于赌博，是否有暴力倾向。尽管是否有暴力倾向在婚前无法得知，但男性是否有另外两个不良倾向以及女性是否爱小孩在婚前的相处中是可以得到信息的。

第三，在爱情婚姻市场上，存在信号显示机制解决逆向选择问题。所谓信号显示，是指拥有私人信息的一方，通过某种途径将私人信息传递给另外一方，以改变信息不对称给交易双方造成的伤害。如在生物界的性选择理论中，存在着"累赘原理"，即动物可以通过向其潜在的配偶展示其在不利的条件下还能生存下来，传递其具有相较于同性竞争对手的基因优势的信息，如雄孔雀的尾巴。

在爱情和婚姻市场上，同样存在很多的信号以显示一个人的特征，如彩礼、学历、职业、家风、宗教等。这会显示男性财富、能力、品质等与女人福利息息相关的各种特征。如高学历文凭的持有人，在质量上就多了一重保证。毕竟，高学历背后是一道道考试的关卡，能顺利通过这些关卡的人，无论在智力还是毅力，都应该在平均值以上，而这些特征对排解以后生活中的压力，大有裨益。

尽管存在了解对方或让对方了解自己的机制，逆向选择的问题仍然存在。如作为信号的彩礼钱很有可能是借的，学历和职业可能是假的，即使不是假的，也存在用学历和职业去欺骗无知美眉的可能性。在我们周围这样的事情并不鲜见。而伪造歹徒抢劫，挺身而出，以获取美眉的芳心，在现实中也频频出现。因此，对爱情婚姻市场中的交易方而言，在面对林林总总的信息时，也面临一个信息筛选的问题，而筛选信息又要付出成本。因此，真正的市场均衡是各种因素都起作用下的结果。

道德风险

道德风险是指在购买了保险之后一个人或厂商的行为发生变化以致增加了保险公

司承担的盗窃、火灾和其他损失发生的概率。

道德风险的例子最多出现在保险公司里。那些保险公司的业务代表发现，当他们的客户跟保险公司签下合同之后，对于自己投保的物品，无论是一辆汽车，还是一栋房子，防止意外发生的警惕性就会降低。

在爱情和婚姻市场中里面，同样存在着道德风险。当爱情相对稳定，尤其是婚姻关系已经成立后，我们往往将对方视为保险公司而懈怠很多事情。如在婚前，将对方的生日记得比自己的生日还要清楚，在婚后，经常忘记两人的重要日子，如对方的生日、相识纪念日和结婚纪念日等；婚前的淑女风度让位于婚后的斤斤计较和婆婆妈妈；婚前的绅士风度演变为婚后的独断和专制。将对方视为保险公司而忽视继续经营爱情和婚姻的后果是可能让对方觉得今天的你，面孔是如此陌生，已经不是原来自己选择的那个你。选择分手也就成为对方的可能选择。

婚姻契约和保险合同一样能规避部分道德风险，但也同样无法完全规避。"男女因不了解而结婚，因了解而离婚"，在爱情和婚姻市场上，总是充满着这种悖论。

值得注意的是，逆向选择可以在事前通过长时间的相处得到部分的解决，而道德风险却无法在婚前得到解决，一切有待于婚后两个人相处去体会，其也更难解决。

正是因为爱情和婚姻市场上充满着信息不完全和不确定性，而婚姻合约的解除又需要付出很多成本，因此，试婚、同居成为减少不确定性和信息不完全的重要方法，避孕措施的进步则减少了同居和试婚的成本。

如果信息是完全的，人类可能不需要婚姻制度；如果信息是完全的，男女性间可能也不会存在爱情，对异性的神秘感以及探索对方过程中的成就感是爱情比较持久的动力。但信息不对称也给两性间在爱情和婚姻市场上的运行带来很高的交易成本，而这种成本阻碍了爱情和婚姻交易的达成。真是成也信息，败也信息。

第 4 节
经济学怎样看网恋？

网上一个你　网上一个我　网上你的温柔我就犯了错　网上的情缘　也卿卿我我　爱一场梦一场　谁能躲得过　网上一个你　网上一个我　网上我们没有过一句承诺　点击你的名字　发送我的快乐　接收吧接收吧爱的花朵　轻轻地告诉你我是真的爱过　你曾经真真切切闯进我生活　不见你的时候　我情绪低落　只有你能刷新我的寂寞　轻轻地告诉我我是真的爱过　你的哭你的笑深深牵动着我　你总说这真真假假难以捉摸　我喊着爱人呀　别想太多　轻轻地告诉你我是真的爱过　你的哭你的笑是深深牵动着我　你总说这真真假假难以捉摸　我喊着爱人呀　别想太多

——歌曲：《网络情缘》

网络改变世界，也改变着人们的婚恋方式，不知不觉中，网恋已经成为现代年轻人择偶的重要媒介。从痞子蔡的《第一次亲密接触》开始，网恋小说也成为爱情小说的重要题材，被广大的网迷，尤其是宅男所推崇。对于网恋，赞扬者有之，反对者更有之。如何看待网恋，经济学对于网恋又有什么话要说呢？

要分析网恋，需要从婚恋市场的特点说起。具体而言，婚恋市场具有以下两个重要的特点。

第一，与一般的市场不同，爱情和婚姻市场是一个以物易物的市场，未来的新娘同时兼具商品、购买丈夫的货币及丈夫的购买者三种身份，而未来的新郎同样兼具三种身份。

第二，婚姻市场中仍然存在大量的选择和竞争，几乎所有的适婚男性都是潜在的丈夫，所有适婚女性都是潜在的妻子。尽管有些男性之间和女性之间具有替代性，但每个人都有其本身的特点，这种替代并不完全。因此婚恋市场吻合经济学垄断竞争市场的特征。

垄断竞争市场决定了每一个男性或女性都是独特的，他（她）们会判断是否吻合自己需要投入额外的资源去了解可供选择的对象；以物易物决定了男女间投入的额外

网　恋

资源只能是自己的时间、感情乃至性(婚前同居)等。因此,婚恋市场是一个高交易成本的市场,在该市场中充斥着"剩男"、"剩女"等无法达成交易者。为降低交易成本,人类设计出了一系列制度来降低婚恋市场中的交易成本,如引入婚恋市场的拍卖者——媒婆等。

　　在现代社会自由恋爱的背景下,尽管适婚男女认识和交往的方式种类繁多,除了传统的经人介绍和长时间共同学习及工作自然而然走到一起外,还出现"广告征婚"、"婚介热线"、"非诚勿扰"等多种形式。但从整体上看,婚恋市场仍处于高交易成本的状态,高龄未婚剩男剩女的大范围出现就说明了这一点。网络的出现则为婚恋市场交易成本的降低提供了一个契机。

　　传统社会媒婆为主导的婚恋市场不止以父母的意志替代子女的意志,排斥了婚恋主体男女性的主动性,而且也无法突破婚恋十里八乡的地域限制。自由恋爱尽管以适婚男女自身意志作为婚恋的基础,但个人在其生活圈内能够认识的适婚异性有限。而以网络为媒介的婚恋市场则使两个人的相识突破地域的限制,为更广泛地提供可供选

择的适婚异性提供条件，并极大地降低了信息搜寻费用。

在传统的婚恋形式中，男女交往过程中的相互了解需要付出大量的成本。如何认识自己有感觉的异性？如何让他（她）对自己同样产生感觉？如何了解对方的喜怒哀乐并让对方同样了解自己？……在交往过程中，男性太热情往往让女性形成人不沉稳的印象，而不太热情则会让女性产生男性对她没有兴趣的感觉。对度的把握是一种高难度的艺术，有多少互相爱恋的男女因为无法将信号恰当地传出，不得不遗憾终生。"在网上，没有人会知道你是一只狗。"一些在现实生活中无法向周围人，尤其是异性沟通的事情，在网络上可能更愿意敞开心扉。通过长时间的网上交流，男女间可能已经比现实生活中恋爱男女有着更深层次的了解。当双方从网络走向现实，可以省去不少了解的过程，结婚可能是一件水到渠成的事情。

当然，网恋也会增加一些交易成本，比如因双方的信息不对称增加而导致信息筛选成本增加。在现实的新闻报道中，经常出现少女因网恋被骗的例子，这些也是不少人对网恋持负面评价的原因之所在。从现实看，无论是网恋还是传统的介绍还是自然而然的相识，均面临一个信息的筛选问题，女性在恋爱中受骗也不仅仅出现在网恋之中。新闻媒体报道较多的可能原因之一是网恋作为一个新事物，大家的关注度比较高，新闻价值比较明显。原因之二是在现实中恋爱，男女性可能有共同的圈子，欺骗会给欺骗方造成较大的舆论上的压力，使得感情欺骗的成本较高，从而降低了感情欺骗发生的概率，而网络不存在这样的约束条件，欺骗感情现象发生的概率可能较高。为降低这种现象的发生，网恋中的男女事先需要投入的信息筛选成本会相较于传统婚恋方式高。

但我们不能因为网恋可能存在的问题就反对网恋的价值。交易成本是各种成本的综合体，以网络作为婚恋媒介，从总体上降低了婚恋过程中的交易成本。况且即使其并没有降低整个社会婚恋的交易成本，仅仅是降低了部分人婚恋的交易成本，其价值也值得肯定，它使得这些人多了一种加入婚恋市场的机会。

即使是网恋，最终也是要走向现实的。通过网络低成本地接触和了解对方，通过现实中的接触了解对方是否适合和自己一起生活，它为青年人认识异性加入婚恋市场提供了一种新的选择。我们没有必要排斥网恋，它只是青年人加入婚恋市场的一种手段而已。无论是那种方式，只要有利婚恋的达成，都可以尝试。

尽管网恋本身也存在一定的问题，但网络至少降低了部分年轻人婚恋的交易成本，让更多的年轻人拥有恋爱的机会，也有利于提升年轻人的福利水平。

第5节
鲜花插在牛粪上与老牛吃嫩草

男性和女性适婚的年龄不同。成为一个丈夫或妻子需要特定的技能和能力，而男女两性并不是在相同的年龄具备这些技能和能力。女性通常在青少年中期至晚期，具备足够的感情成熟度，从事家务的技能和生育能力。男性则不同。即使现在，人们仍然期望男性养家糊口，这种能力的具备比要求妻子具备从事家务的技能需要更多的时间。

——劳埃德·R.科恩

鲜花插在牛粪上

一个被广人男同胞所暗恋的对象被一个在大家眼中并不出色的男性所娶走，这让不少才子心生不平："简直就是鲜花插在牛粪上，要是我早点行动，哪有×××的份！"其实从经济学的视角看，才子配佳人式的"门当户对"是爱情中的常见现象，"懒汉娶花枝"和"巧妇常伴拙夫眠"等现象尽管比较少见，但其背后仍有其存在理性。

下面介绍经济学对这种现象的几种解释。

第一种解释从偏好理论出发，认为"萝卜青菜各有所爱"，或者讲"情人眼里出西施"。一男一女配对，别人也许会觉得很合适，但当事人未必觉得合适。美女喜欢什么样的男性，只有美女自己知道。一般人也许会想当然地认为美女会看上一个人的才气和金钱。但有可能情况是，美女身边并不缺乏有才气和金钱的男性，缺乏的是让她觉得靠得住的老实男人，尤其是她曾经受到感情伤害时。为此，当一个在别人眼中是牛粪级的人物，由于老实可靠，在美女眼中有可能成为一件无价之宝。当别人以为鲜花会因为插在牛粪上而倍感懊悔之时，也许鲜花正在家中为即将归家的牛粪快乐地忙碌着。因此，一对在别人眼中极不般配的男女，也许他们正爱得死去活来，因为他和她已经挖掘出对方潜在的，别人所不容易发现的优点。

17

"男人不坏，女人不爱。"国外的一些学术研究也表明，"坏男人"相对而言更容易获得女人的芳心。因为"坏男人"中的一些特征，如敢于冒险、崇尚自由、敢爱敢恨等容易引起女人的爱慕之情。因此，与主流社会格格不入、被视为"牛粪"的"坏男人"，在爱情市场上则经常成为"采花高手"。曾经风靡一时的网络小说《第一次亲密接触》这样写道："那是因为坏男人通常很浪漫……而好男人通常不解风情……所以她宁可选择坏而浪漫的男人……也不愿选择好而不浪漫的男人……这叫两害相权取其轻的道理。"

第二种解释则是基于搜寻理论。人们在交换商品前，都有一个发现商品的过程。一般来讲，搜寻的时间越长，发现适合自己的商品的可能性就越大。但搜寻也要付出成本，同样也受边际收益下降规律的制约。当搜寻主体（这里指的是"鲜花"）的搜寻成本大到不允许她花很多时间去搜寻异性和对交往的异性作深入了解之时，就会发生"盲目交换"行为，"鲜花插在牛粪上"的悲剧也许正是出于这个理由。

第三种解释我们可以用"劣币驱逐良币"来说明。相貌普通的男性，因为选择的机会较少，在对准鲜花后，一心一意地努力追求鲜花，以时间体现诚意，在鲜花被感动的那一刻，就是抱得美人归的时候。而那些优质男因选择的机会较多，在追求女孩时，通常都会怀有这样一种心理：像我这样不错的男人，"天涯何处无芳草"？"子不我思，岂无他人"？干吗非要在一棵树上吊死不可？如果她不爱我，不是我不够好，而是她眼光有问题！这就容易给女孩子造成"他不爱我"的印象，鲜花就这样插到了牛粪上。

偏好、搜寻理论和成本理论对鲜花插在牛粪上都具有一定的解释力。具体问题具体分析，我们可以通过已经枯萎的（或绽放得更为灿烂的）"鲜花"知道确切的原因。

老牛吃嫩草

老牛吃嫩草的意思是指男性喜欢找比自己年龄小的女性谈恋爱和结婚。

从现实看，绝大多数婚姻都是男方年龄大于女方，很少有倒过来的。这种现象的产生当然与男女生理上的差异有点关系，但生理因素究竟有多大的重要性呢？联合国的人口统计资料表明，初婚年龄，虽然各国都是男比女大，岁数差距却大不相同。相差最小的是爱尔兰，只有1岁左右；最大的是马里，高达11岁。西欧平均相差2.5岁，东欧和南欧相差3.5岁，北美相差2岁，南美约差2～3岁，日本相差3.7岁，印度近5岁，中东约为4岁，非洲一般在5至10岁之间。中国的统计资料则表明，从80年代开始，男女之间结婚的年龄差在逐渐扩大，其差距已经从2.7岁到3.5岁再到4.8岁，而且这个差距还在进一步扩大。（赵晓：《问世间情为何物》）显而易见，如此巨大的多样性，单用生理因素去解释是说不通的。伊沛霞在《内闱：宋代的婚姻和妇女生活》中的数据也表明，在中国宋代，男大女小也是婚姻的常态。

文化习俗成为不少人解释男女之间结婚和恋爱年龄差异的原因。但经济学却独辟蹊径，对这个问题给予符合逻辑推理的解释。而其中的关键假设在于，男性在品质上存在较大的方差。

在一个男主外女主内的社会里，男性的品质，主要表现为取得社会地位、事业成就或商业财富的潜力上。在1990年，进化心理学之父David Buss和48位来自世界各地的研究者合作，共同完成一项跨文化择偶偏好项目。该调查研究了来自33个国家的9474人的择偶偏好，结果发现，女性在择偶时青睐经济前景好、赚钱能力强、有抱负和勤奋的异性。（科学松鼠会：《冷浪漫》）因此，男性的个人品德更多集中于现在或未来的赚钱能力上。

但问题的关键在于男性的个人品质，尤其是未来的赚钱能力，也许自己知道一点，但怎么样让别人也相信自己具有这样的潜质呢？最常用的办法，就是证明给别人看。于是，"自认为前途远大的男性将会选择晚婚，以便提高自己的收入，获得婚姻市场上的竞争优势；对前途不抱太大希望的男性会早婚；女性则都会早婚……高质量女性与年长的成功男性结婚，低质量的女性和年轻的、不太成功的男性结婚"。（齐良书：《婚姻经济学研究进展》）与此同时，男性的品质也有赖于其人力资本投资，因为对男性的人力资本投资较大，这会造成教育对婚恋的挤压，推迟其成熟和独立生活的时间。如在中国古代，男性时常为科举功名而推迟娶妻时间，"宋、清两代的士大夫家庭婚龄差大约是五六岁，比普通人大，这是由于这些晚婚者成功享有较高的社会地位，择偶范围较大，可以选择年轻女性为妻"。（常建华：《婚姻内外的古代女性》）

也正是因为这个原因，网络新红人，华中科技大学的张德鹏老师就认为，在大学，男生能不谈恋爱就不谈恋爱，其理由就在大学是人力资本投资的好时间，大学毕业后自己的品质可以得到更好的体现和有更多的选择机会这三点。这和我们的分析基本吻合。

女性的品质，多半表现在年龄外貌和治家能力上。David Buss等人的研究同样发

老少配

现：年轻、貌美、身材具有吸引力的女性是理想的结婚对象。（科学松鼠会：《冷浪漫》）很明显，"女性的性吸引力与女性的生殖力相关联。大多数男子都感到外观健康的育龄妇女要比更年幼或更年老的或外观不健康的妇女更有性吸引力"。（波斯纳：《性与理性》）电视剧《婚姻保卫战》就对两性择偶的区别做了生动的描述："年轻的时候，女人喜欢的是帅气的大哥哥，男人喜欢的是校花；等到二十多岁的时候，女人喜欢的是成熟、浪漫、有事业心的男人，男人喜欢的是二十多岁、漂亮、有身材的女人；等到三十多岁的时候，女人喜欢的是跟自己心灵契合的男人，男人喜欢的是二十多岁、漂亮、有身材的女人；等到四五十岁的时候，女人喜欢的是能跟自己相伴一生的男人，男人喜欢的还是二十多岁、漂亮、有身材的女人；等到七老八十了，女人希望男人能死在自己后面，男人已经老眼昏花什么都看不清了，喜欢的依旧是二十多岁、漂亮、有身材的女人。"因此，女性的品质无法用等待来证明，相反，年轻貌美在爱情和婚姻市场上意味着高品质，但这种品质却会随着等待而流逝。大学中流传着这样的笑话："大专生是赵敏，本科生是黄蓉，硕士生是李莫愁，博士生是灭绝师太，博士后是东方不败。"也正是基于此，张德鹏老师对大学女生的建议则是能谈就谈。

等待，有利于男性而不利于女性。

"受性欲驱使的男子永远只考虑妇女的生育潜能，而谨小慎微的女子则试图探明对方的财力和地位"。（马尔科姆·波茨和罗杰·肖特：《自亚当和夏娃以来——人类性行为的进化》）基于这样的理由，最佳的婚配也就是已经显露出品质的男性配以处于品质顶峰阶段年轻貌美阶段的女性，"郎财女貌"、男大女小，其实都是两个人"黄金指数"最高的时候，符合经济学里的交换原则。

因此，看一个男人财富如何，最好的方法就是衡量他妻子的迷人程度；而衡量一个女人的迷人程度，最好的方法就是看他老公的财力如何。

潘绥铭等人在1999年针对中国人的大型性行为和性关系调查表明，中国最富有的男人，娶到的妻子不但漂亮，而且比自己小12～14岁；中等收入的男人则可娶到比自己小3～7岁的妻子；低收入的男人却只能娶到自己的同龄人，甚至比自己大许多的女性。（《当代中国人的性行为和性关系》）

我们从中可以得出的推论是：成功的男人结婚晚，即好男人恰恰要等到有钱时才找老婆。根据美国人口普查局1980年的报告，在45～54岁的男性人口中，结婚年龄低于20岁的，有35％的人收入低于一万美元；结婚年龄在21～29岁的，只有17.5％的人收入低于一万美元。从收入中值看，18岁以下结婚的为一万四千美元，19～20岁结婚的为一万七千美元，21～29岁结婚的为一万九千美元。收入越高，结婚越晚。（赵晓：《问世间情为何物》）婚姻年龄差的地区差异也说明了上述理论的合理性。

由此我们可以推论出：

（1）男性品质差异越大的地区，如中东和非洲，男女结婚的年龄差也就越大；

（2）经济发展程度越高，社会保障越发达，男性品质差异对家庭收入的影响小的地区，年龄的差异也就越小；

（3）中国年龄差的反弹，和中国社会在改革开放后出现向"男主外，女主内"的反弹有关。

第 6 节
一见钟情和日久生情

去年今日此门中，人面桃花相映红。人面不知何处去，桃花依旧笑春风。

——崔护

男女之间坠入情网的方式主要有一见钟情和日久生情两种方式，一个人采取哪种方式在很大程度上受制于个人对爱情的偏好。有人生性浪漫，追求一见钟情的感觉；有人生性稳重，主张日久见人心。这是否意味着经济分析方法对"一见钟情"和"日久生情"这两种恋爱方式无能为力呢？

答案是经济学可以不知道每一个人的爱情观，但经济学知道当外生的约束发生变化时，与爱情观相联系的个人选择也会随之变化，这两种恋爱方式出现的概率也会随之发生变化。而对于爱情而言，最重要的外在的约束是什么？下面具体说明之。

第一，交易成本约束。恋爱的过程就是不断地了解对方品质特征的过程。男女间存在着信息不对称，每一个人对自己的了解要远胜于对方对自己的了解。对方的信息越缺乏，婚后生活的不确定性就会越大，婚姻生活不美满的可能性也就越大，预期未来婚姻的收益就越低。恋爱是减少彼此的信息不对称的重要方法。但恋爱也要付出一定的成本，如时间、精力和感情。因此，恋爱是采取一见钟情还是爱情长跑的形式取决于不确定减少的收益和恋爱成本增加之间的权衡。"一见钟情的婚姻和悠然的爱情长跑之间的差别，在于前者中双方的约会成本高而组成家庭时的运作成本低，而后者刚好相反"。（干学平、黄春兴：《现代经济学入门》）

由此可见，在其他条件不变的情况下，恋爱成本越高的人，越有可能选择一见钟情；家庭内交易成本较低的人，越有可能在爱情中采取一见钟情的方式。

第二，时间和财富约束。请大家想一想大学生和白领之间谁的感情生活更丰富？我想大多数人的回答应该是大学生。与白领相比，大学生的恋爱成本较低，因此，也更多采取悠然的爱情长跑形式。而白领的恋爱成本较高，一见钟情也就成为较常见的一种恋爱方式。这个结论我们可以从两者间的时间约束推导出。

日久生情

　　白领由于恋爱的时间成本较高，没有时间谈恋爱也成为其口号。为提高谈恋爱的效率，谈恋爱的方式也较简单，速配等形式也经常出现。在恋爱约会的过程中，经常采取用金钱购买时间，即利用"999朵玫瑰"、高档化妆品和钻戒在较短的时间内追求到美眉，也更容易实现让美眉一见钟情的目的。

　　而穷学生则常采取反其道而行之的方法，通过时间换取金钱的方式来赢取这场爱情竞赛的优势。因为从恋爱的时间成本看，依靠父母接济生活，悠闲自在，时常为无聊而犯愁的学生们显然是爱情时间成本最低一族，也是爱情生活最丰富的一族。他们每天在美眉的楼下含情脉脉地等着她的出现，在美眉伤心的时候安慰她，在美眉生病的时候伺候她，以换取美眉好感。加上偶尔的鲜花攻势和能力展现，如果有可能的话，来一个英雄救美，抱得美人归也是非常有可能的。即使被美眉拒绝后，也常会作进一步的努力，如在美眉宿舍楼前弹着自编的单身情歌，期望美眉能回心转意。这就属于日久见人心的范畴了。

　　这时，不少人会问了：为什么美眉会迎合白领的时间约束，较多采取一见钟情的

形式，而对穷学生则要久经考验呢？原因同样很简单，因为送礼本身会传递一定的信息，如家庭背景、收入、感情的深度、为人处世的能力等，即起到经济学上常讲的"信号显示"作用。而穷学生没有办法通过礼物去显示这些能力，所以只能通过时间显露自己的能力和特征，当然，还有对美眉的爱，让心仪的美眉相信选择自己就是选择未来。

第三，机会约束。人民大学的聂辉华老师提出了一个非常好玩的命题：为什么古代男女间常常发生"一见钟情"，而现代男女之间却经常感叹"缺乏真情"呢？当然，造成这种感觉的可能原因是"一见钟情"远较"日久生情"浪漫，因此，在古代文学作品中，描述男女"一见钟情"的要多于"日久生情"，从而给人带来古代男女间常常发生"一见钟情"的错觉。聂老师从机会约束的角度分析古人和现代人在爱情机会上的差异，解释得出人意料又合乎情理。其理由如下：在古代社会，男女之间交往机会很少。一个女子在出嫁之前一般是大门不迈，小门不出，对于未来的生活伴侣，有的是想象空间，却很少有机会自己去接触和选择。当其面临的选择非常小时，哪怕她有一丝的机会，也要拼命地抓住。现代女性则可以在婚前大量接触未婚男性，她们所面临的选择机会非常广泛。这就造成现代女性一见钟情的成本要高于古代女子。因此古人比较容易一见钟情，而现代人强调日久见人心。这可以在选择机会（成本）的差异中得到解释。同样的道理，我们可以推论出理工类大学的男生一见钟情的概率会高于综合类或外语类大学的男生，女生则正好相反。

第四，性别差异约束。男性和女性在相同的条件下谁更会一见钟情呢？对于这个问题，就本人有限的阅历而言，并没有发现相关讨论。在我和周围人讨论后，普遍认为男性相较女性，比较容易一见钟情。这一点其实可以从男女生理上的差别上去考虑。因为爱情的最终目的是基因的延续，而相较于女性，男性延续基因需要付出的生理代价很小，这就造成女性对男性比较挑剔，而男性比较滥交①。这表现在爱情中，就是在条件相似的情况下，男性对异性不了解的可能损失要小于女性，即一见钟情的成本要低于女性，男性发生一见钟情的概率也就要大于女性，而这种成本通过天演的

---

① 波斯纳在《性与理性》中这样写道："许多男子都是滥交的，如果不是在行动上，那么至少在偏好上会是如此……一位女性，如果希望最大化自己的生育成功率，她在偏好上就一定要比男子更为挑剔。""一个妇女必须关注其配偶是否具备作为潜在的父亲的品质。（他是否会在自己受孕之后还不离左右？他是否愿意并且有能力保护她和孩子？）"

长期作用，就会表现在男性和女性对"一见钟情"偏好的差异之中。

爱情的最终目的是自身基因的延续，这一点在一见钟情和日久生情发生时间的差别上同样有所体现。如生物学家发现，与男性缺乏生理周期不同，女性在排卵期及其随后两天对男性的第二性特征比较敏感，在月经到来的前三天对男性的第二性最不敏感。因此，这也可以推理出女性的一见钟情与其所处的生理周期紧密相连。（科学松鼠会：《冷浪漫》）这也就意味着女性在排卵期较容易发生一见钟情，在其他时间则要求日久生情。

因此，一见钟情和日久生情是在偏好既定条件下，男女生在面临不同约束时理性选择的结果。这两种感情的产生方式并无优劣之分，否则其中处于劣势的方式可能早已经被天演所淘汰。美国的学者就发现，结婚两年后，日久生情的夫妻与一见钟情的夫妻生活得一样幸福。[大卫·诺克斯和卡洛琳·沙赫特：《情爱关系中的选择——婚姻家庭社会学入门（第九版）》]

第7节
剩下还是被剩下？
——剩女之经济分析

工作状况和受教育程度并不是衡量女性作为配偶的质量标准，而美貌、魅力、温柔则决定了女性在婚姻市场上的成功，但为什么婚姻状况与工作情况和受教育程度成负向关系？婚姻和事业都是需要大量时间的投资/消费活动，因此他们彼此属于可替代品。所以，可能女性的性别特征与其教育和职业状况成负相关。在事业上投资多的女性，在如何使自己更有魅力以及寻找男性方面，投资通常较少，魅力不够的女性就有动力对事业进行投资。

——劳埃德·R.科恩

"剩女"，这个在2007年教育部公布的新名词，已经成为婚恋市场上的热门话题。"剩男"还可以理解，因为现在中国的男女性别比已经达到惊人的123：100，这就意味着有大量的男性无法在婚恋市场上找到合适的女性。与此相对应的应该是女性供不应求，"未婚女抬高房价"不是说明女性因稀缺可以要求比较高的价格吗？为什么剩女还有可能在"狼多肉少"的婚恋市场上出现呢？本节将分析"剩女"出现的原因。

原因之一，婚恋市场上存在"男高女低"的"婚姻梯度"。在婚恋市场上男性往下看，女性往上看，即大多女性不愿找一个收入、地位、学历和年龄等比自己低的男性结婚，其背后的经济学原因是这样的："男高女低"的品质差异有利于家庭内的专业化分工和家庭收入的最大化。这种现象古今中外均广泛存在。如朱熹在《五朝名臣言行录》中就有这样的描述："嫁女必须胜吾家者，胜吾家则女之事人必钦必戒；娶妇必须不若吾家者，不如吾家则妇事舅姑必执妇道。"

具体而言，优质女性向上寻找更优质男性，但符合她经济条件、年龄结构的优质男性有限，即其择偶面狭隘。对于向下选择的优质男性而言，他所选择的范围不仅仅是这些受过良好教育的优质女性，年轻和漂亮同样是女性的良好品质构成部分，这就

期 待

造成众多的优质女性共同竞争少量的优质男性的局面，"狼多肉少"，女性被剩下也就成为经常之事。

因此在婚恋市场"男高女低"的偏好结构会给婚恋市场上的优质女性造成挤压，最终，未进入婚姻市场的大多为最优质的女性。在婚恋市场上，"三低男性"（低学历、低收入和低地位）和"三高女性"（高学历、高收入和高地位）更容易成为失败者。因此，一些社会学家认为，从未结过婚的男性是"桶底"，而从未结过婚的女性则是"精华"。（安东尼·W.丹尼斯和罗伯特·罗森：《结婚和离婚的法经济学分析》）文汇报针对上海市高薪人群开展的一项抽样调查显示，高达57％的高薪女性因为种种原因难以成婚而被迫选择单身，主要包括外企白领、律师、财会、翻译、教师等七类职业。

原因之二，"花开堪折直须折，莫等无花空折枝"。与男性的品质可能在等待中成长不同，女性的品质必然会在等待中消失。剩女因眼光过高或教育挤压等原因造成了时间的流逝，其品质也在等待中消失，这就使其适婚对象的品质也在不断下降。

　　尽管中国传统的男高女低的婚配习惯和失衡的性别比使女性的婚配对象的品质一般会好于女性自身的品质，但总是有一些女性对自己错误估值，认为在不久的将来，会有比现阶段更好的婚恋对象出现，这样不断等待，使其本身的价值也在不断贬值，更难找到其满意的婚恋对象。在此时，只剩下两条路："剩女"或嫁给一个条件一般的男性。因此女人随着年龄的增长，会不断地降低择偶的标准。CCTV"半边天"栏目在一期对"剩女"的讨论中，一位"剩女"讲其从二十几岁开始相亲，阅人无数，但仍没有找到一个可以相偎相依的人。主持人问她现在对男朋友的要求，她说了一句："男的，活的，会动的。"

　　对女性的品质造成伤害的还有教育时间延长所造成的对婚龄的挤压。教育对女性品质的影响是多方面的，它在提高女性自身素质的同时也提高了女性进入婚恋市场的年龄。对于男性而言，其会权衡女性多方面的品质并决定是否与该女性恋爱结婚。在男高女低的婚恋市场中，女性所受教育水平对男性婚恋决策的影响未定，但年龄很明显会影响女性的品质。

　　原因之三，"剩女"恋爱结婚成本高。剩女中大多数有着良好的教育背景和工作能力，其从事的大多为需要付出大量时间和心血的高强度工作。这导致她们闲暇时间少，工作压力大，没有多余的时间和精力可以用来在婚姻市场中搜寻交易对象，从而造成教育和事业对婚龄的挤压。与此同时，这些女性也经常因为工作原因接触人少，交友面窄，导致择偶圈子小，可选择对象少；好不容易找上一个各方面条件都比较匹配，自己非常满意的男生，可能该男生要其放弃自己的事业做家庭主妇，或至少要将精力的大部分放在家庭，或要求自己放弃已经发展很好的事业，去外地重新开始，这对于一些事业心较重的女性而言，是无法容忍的事情。

　　原因之四，结婚可能并不吻合"剩女"的收益最大化。在本书"结婚的成本和收益"一节，我会论述一个人结婚与否取决于结婚成本和收益的衡量，当一个人预期其结婚的成本小于收益时就会结婚，反之，则继续寻找。在传统社会，女性无法实现经济独立，通过家庭内劳动换取男性养活自己成为多数女性无法选择的命运。随着社会的发展，女性经济能力上升，女性并不需要男性才能在世间生存，其对家庭的依赖程度降低。加上家庭能够提供的不少功能，如家政、保险乃至性和小孩，女性可以通过市场购买或交换获得，所需要付出的代价甚至比家庭提供更低。那些条件较好的"三高"女性因收入更高，能通过市场购买的商品也更多。与此同时，组建家庭将不得不付出的成本并没有随着市场的发展得到有效的降低，甚至随着市场的发展，女性所能获得高薪职位的增加，组建家庭所需要付出的成本（即需要放弃的东西）不减反增，这就使不少女性认为结婚并不符合其收益最大化，自然而然地选择过"剩女"的单身日子。因此，对于部分"剩女"而言，她们并不是找不到男人过日子，只是因婚姻需要付出很高的机会成本，以至于该成本高于婚姻的预期收益，主动选择剩下也就成为这类女性的理性选择。

原因之五，现代社会不断增加的离婚率同样对女性，尤其是追求高质量婚姻的"三高"女性择偶行为造成一定的负面影响，恐婚成为不少"剩女"主动选择剩下的重要原因。"当婚姻变得极其易碎，离婚现象极其普遍，越来越多的女性便选择了完全摆脱婚姻——独身。或者这样才能使他们感觉较安全：私生巨浪在离婚浪潮之后汹涌而至。"（Gallagher，转引自《结婚和离婚的法经济学分析》）

与此同时，随着社会的发展，社会对女性的独身采取越来越宽容的态度，这也进一步减少了女性主动选择剩下的社会压力（成本），增加了主动选择剩下的"剩女"的数量。

其实主动选择剩下也不是现阶段才出现的事情。早在 19 世纪末 20 世纪初在广东珠三角等地就因为女性经济自立能力增强出现过"自梳女"。

原因之六，"剩女"的出现不仅和上述女性经济地位的提高有着密切的联系，也和婚前搜索收益的增加联系在一起。具体的原因有以下几个：第一，"由于男性收入分配差距的扩大，女性婚前搜寻行为的回报率提高了，于是女性将会延长搜寻时间，相应的，各年龄组女性的结婚率都会降低"。（齐良书：《婚姻经济学研究进展》）第二，"各种潜在配偶愈多，从另外的'样本'获得的预期收益因而愈大，寻找的过程也就愈长，所以，在其他决定因素不变的情况下，动态的、流动的、变幻的社会中的婚配迟于静态的、均质的社会中的婚配"。（贝克尔：《人类行为的经济分析》）这就导致大龄"剩女"在搜索中产生。

原因之七，因女性稀缺造成女性价格上涨，男方为娶到妻子需要付出的成本增加，从而增加了男性的结婚准备期，提高了婚姻双方的年龄。尽管现代社会强调以爱情为基础的伴侣婚姻，但在男多女少的婚恋市场上愿意接受"裸婚"的女性有限。要结婚，至少要有房有车吧。尽管男方父母为了儿子能娶上媳妇，在小孩刚出生就进行竞争性储蓄，但在一线城市，房子价格上升的速度远大于存款利率，这就增加了男方的"持币待

购"期，也使部分女性一直处于待嫁的"剩女"状态。《小康》杂志于2011年6月初发布的《中国大中城市青年居住状况调查》显示，24.8%和21.3%的城市青年，因住房压力"推迟结婚"和"推迟生育"。从这个角度讲，"剩女"这种现象也不是到现代才出现，如宋代买卖婚姻盛行，娶妻的高负担同样造就了一批"剩女"。

"剩女"在现阶段大规模出现是由多种因素共同作用的结果，无论是被剩下还是主动选择剩下，背后均具有经济理性在里面。

第8节
大学要不要禁止学生谈恋爱？

恋爱权也是一种天赋人权。

——无名氏

（一）

在网络上 Baidu 一下"大学生谈恋爱"，就可以发现现在大学针对大学生恋爱行为的规定和干预政策千奇百怪。如福州大学将率先实行"恋爱实名制登记"，学生需要填写恋爱信息，并具体到"姓名"、"学号"、"是否恋爱"、"恋爱对象是否为本省"、"恋爱对象是否为本校"等等；在南京农业大学、西京大学等学校则组建大学生"小脚队"，带红袖章阻止校园情侣的过分亲昵行为；青岛某学院则干脆将谈恋爱的学生开除了事……

大学生谈恋爱、接吻乃至同居在现代大学非常普遍。君不见基本每个学校均有情侣角，一对一对情侣在其中分享爱情的甜蜜；女生公寓楼前，在每天熄灯前，是情侣依依不舍吻别的天然场所；一些学生甚至将西方的情人节称为女大学生的"失身节"……对于"正人君子"而言，大学是学习的地方，情侣们浪费大好的学习时光，过着卿卿我我的两人世界，正是是可忍孰不可忍，尤其当这些"正人君子"在大学里拥有"决定他人"能力时，对学生的恋爱等暧昧行为开刀也就成为表现权力的良好场所。

大学要不要干预学生的恋爱行为及由该行为带来的暧昧甚至同居行为？这种干预行为有的可能结果是什么？本文将围绕这两个问题展开经济分析。

（二）

学校对大学生恋爱等行为禁止或干预的可能原因之一是大学生是学生，学习是其主要任务。但很可惜，现在还没有系统性的证据说明大学生谈恋爱对学习有什么负面

的影响。谈恋爱是有因卿卿我我而消耗时间的一面，也有男女学生间相互促进提升学生成绩的一面。即使现在有明确的证据表明大学生的恋爱行为会导致学生成绩下降，直接采取禁止恋爱也是一种高成本的做法。毕竟大学还有课程考核、毕业条件等制度约束学生的学习的行为，除非大学相关领导认为大学的这些制度形同虚设。如果禁止大学生谈恋爱才能促使学生将精力放到学习上，那么学校是不是也应该禁止学生玩游戏、打扑克、上网、从事社会实践活动等？学生到大学学习的目标是多元的，找一个知心伴侣或者累积恋爱经验可能也在一些大学生的目标函数中，牺牲一定的考试分数换取恋爱经历可能是这些学生的自愿选择，大学禁止和干预学生的恋爱行为会降低这些学生的福利水平。

　　大学禁止或干预学生谈恋爱的第二个理由是恋爱会给学校的管理带来一系列的问题。如失恋学生的自杀在每个学校都会发生，禁止恋爱不就没有这些问题了吗？但仔细分析，这样的逻辑也不成立：如果按照有大学生因恋爱而自杀就禁止大学生恋爱的逻辑，考试不及格学生毕业不了也会导致学生的自杀，是不是规定只要上大学，每个学生的分数一定要及格，不能容许不能毕业的现象发生？推而广之，学生在校园内走路可能遇到"李刚"的儿子，在上体育课可能会遭遇器械意外等，难道大学要禁止所有这些吗？

　　大学禁止或干预学生恋爱可能也是最主要的原因是恋爱尤其是校园内的亲密行为有"外部性"。你们经济学不是说"外部性"是政府干预经济的重要理由吗？那么以子之矛攻子之盾你总无话可说了吧。其实，大学生恋爱，尤其是一些亲密行为的确有外部性，会让不少人感到不适，而恋爱的大学生并没有为此不适买单。如果大学一定要干预学生恋爱等行为，这是一种唯一有说服力的说法。但问题的关键是，即使不考虑恋爱行为可能的正外部性（如像我这种已经过了恋爱季的中年男性在看到恋爱中的男女时可能会觉得很温馨），为消除这种微小的负外部性投入大量本来可以用于聘任优秀师资的资源值不值得？雇用学生担任干预校园亲密行为的"红袖章"在浪费这些学生时间的同时，是否会伤害这些人的个人品德乃至影响其未来的发展？因此，就像并不是所有的外部性均需要政府干预一样，即使学生恋爱中的亲密行为有负的外部性，大学在考虑是否要干预时也需要考虑干预的成本和收益。

　　因此，姑且不论大学是否有权干预学生的恋爱行为，仅从成本收益的角度看，大学干预学生恋爱、接吻和其他亲密行为并不是一种理性的行为。

（三）

尽管总的趋势是大学对学生的恋爱行为干预越来越少，但毕竟还是有大学的管理者基于父爱主义对大学生的恋爱行为进行干预，下面对这些干预行为的可能后果做一分析。

在分析以前，我们需要明确一下两个命题。

命题一：作为一个成年人，爱情和性是大学生的本能需求。

命题二：人会面对刺激作出反应。其含义是当约束条件发生变化，人的行为也会随之发生变化。

从经济学的视角看，爱情是已成年大学生偏好的重要构成部分，而校规等构成了现实的约束。当校规对大学生的恋爱行为从不干预转变为干预时，大学生的行为也会随之发生变化。

第一，既然大学干预学生的恋爱行为，如不允许恋人间的亲密行为，那么，学生就会去不干预恋爱行为的地方，如公园等。这会增加恋人恋爱的时间和金钱成本，也会增加出现不测事件的风险。这在减少恋爱人数的同时，也增加了陷入热恋中大学生恋人的成本。从总的效果看，对该大学学生总的恋爱成本的影响未定。

第二，既然在大学公开恋爱和接吻等亲密行为会受到管制，那么，恋爱中的男女大学生可能会增加恋爱行为的隐秘性，如去小旅馆开房等。因此，可以预见的是，禁止校内的亲密行为会增加该大学学生的失贞率，在给恋爱中的学生带来更大成本的同时，也给社会造成更大的负外部性。

总之，就像"严打"会降低社会总犯罪率的同时，增加大案出现概率一样，禁止学生恋爱和亲密行为在减少大学生恋爱人数的同时，也会增加热恋学生间性行为的比例。学校在考虑制定校规时，一定要注意"人会面对刺激作出反应"这条经济学原理。

初 吻

第9节
失恋经济学

曾经有一份真挚的爱情放在我面前，我没有珍惜。等我失去的时候，我才后悔莫及。人世间最痛苦的事莫过于此。

——周星驰

"爱情就像是一场战争，开始容易结束难。""爱有多销魂，就有多伤人。"与爱情的甜蜜相对应的是失恋的痛苦。经济学如何看待失恋现象呢？经济学家为犯"失恋症"而寻死觅活的少男少女开出的处方就是什么呢？本节将分析一下折磨人到死去活来的失恋。

为什么会失恋？

失恋的原因千差万别，如父母或亲戚朋友的反对，一方或双方都觉得继续维持恋人关系不吻合自己的意愿或利益，第三者插足等。那么怎么才能将这千差万别的失恋和经济学联系起来呢？下面我们就试着用经济学上的常见概念"失业"来研究"失恋"问题。

经济学所定义的失业一般有三种，分别为"结构性失业"、"摩擦性失业"和"周期性失业"。其中，"周期性失业"的概念与"失恋"差异较大，我们姑且不管。我们这里重点研究与前两种失业向对应的失恋，分别将其定义为"结构性失恋"和"摩擦性失恋"。

"结构性失恋"是指整个社会上男女性整体上处于均衡状态，即一个萝卜有一个坑，但萝卜和坑之间的匹配存在问题，或者有的坑太小，或者有的萝卜太小，无法找到可以匹配的对方。对于这种失恋，我在"剩女经济学"一节中有详细论述。总结而言，因为"男高女低"是人们在婚姻市场上的常态，三高女性和三低男性会因为无法找到合适的对方而处于失恋状态。

在"摩擦性失恋"的状态下，一个萝卜对应着一个合适的坑，但萝卜或坑要找到合适的对方需要付出时间等成本。"摩擦性失恋"指的就是萝卜和坑仍处于相互寻找

过程之中。

为了实现基因延续的目标，"男人们通常会寻求年轻、健康、有吸引力、性保守的女性"，而"女性则会选择有雄心壮志，有良好经济能力的男性"。[大卫·诺克斯和卡洛琳·沙赫特：《情爱关系中的选择——婚姻家庭社会学入门（第九版）》] 就像只有工作了才能知道该企业（员工）适不适合该员工（企业）一样，男性和女性在寻觅适合自己的异性时，也面临信息不对称的问题。为解决这个问题，除了通过门当户对等途径排除一部分异性外，其余的只有亲身体验才能知道对方适不适合自己。失恋，就像劳动力市场上的辞职或被辞退一样，说明随着时间的推移，一方或双方或父母发现对方并不是在现有时间、成本约束下实现婚姻这个目标的最优人选；而第三者插足并成功上位，就像优秀的员工被其他企业以更好的条件挖走一样，说明了恋爱中的一方出现了更优的可供选择的对象。因此，男女间常因不了解而恋爱，因了解而分手。

因婚恋市场是物物交换市场，为了了解对方，不得不投入自己的时间、金钱和感情，失恋的痛苦也正是基于投入，尤其是感情，而没有回报。

对了，我们也不能忘记生物社会学对失恋的解释。从生物社会学的角度看，恋爱的最终目的是为了组建家庭，实现家庭收入的最大化，进而实现基因的延续。生物学家发现爱情是受爱情物质苯基乙胺（PEA）控制，而 PEA 的浓度高峰可以持续 6 个月到 4 年左右的时间，平均不到 30 个月（2.5 年），这和社会学家调查的所得的时间一致。从人类延续的角度讲，这段时间刚好与男女性从交往开始，到组建家庭和生育第一个孩子的平均时间相一致。因此，"互相迷恋的强烈感情的产生以及衰退是物种生存的自然适应策略"。（王纪芒：《婚外情面面观——一个社会学的实证研究》）如果男女双方没有在爱情物质的高峰期结婚，很有可能会因为爱情的消退而分手。

男女在失恋中行为模式的差别

在所有的失恋中，是男性还是女性更有可能提出分手呢？美国的社会学家对此问题的实证调查发现，"女性（50％）比男性（40％）更有可能，是他们提出了分手"。造成这种现象的原因从生物经济学的视角看，是女性生育成本要高于男性，所以对男性的要求（如抚养能力及其雄心壮志等）要高于男性对女性的要求。一个女学生这样

失　恋

描述分手的原因："我厌倦了他缺乏雄心壮志——我觉得我能做得更好。他是一个不错的男孩，但是住在拖车里并不是我的生活目标"。［大卫·诺克斯和卡洛琳·沙赫特：《情爱关系中的选择——婚姻家庭社会学入门（第九版）》］

　　从这个视角讲，失恋是男女一方或双方的一种理性行为。恋爱是男女间通过交往了解对象，以实现降低婚姻内交易成本的一种手段。如果发现对方不合适自己而继续维持恋人关系，当断不断，最终会给双方造成更大的伤害。毕竟，婚姻解体的成本要远高于失恋的成本。伤心归伤心，但只有离开不合适的才能和合适的相逢，失恋未必就不是好事。在《2010～2011中国男女婚恋观调查报告粉皮书》中，就有超过七成的受访者认为恋爱分手虽然伤心，但只有离开错的才能找到对的。

　　失恋是一种非常痛苦的情绪，时间和新的恋情是医疗失恋的最好方法。社会学家发

现，从一段严重的情感关系中恢复过来，通常需要12~18个月。[大卫·诺克斯和卡洛琳·沙赫特：《情爱关系中的选择——婚姻家庭社会学入门（第九版）》] 而且，男性和女性在选择时间和新的恋情这两种治疗失恋的方法中存在显著差异，即男性会比较多的是选择开始新的恋情，而女性则通常选择时间。这种差异同样可以用生育成本去考虑。

因为女性生育成本要高于男性，一见钟情的成本要高于男性，所以对异性的挑剔程度要大于男性，因恋情不当所造成的伤害也要大于男性，通过新的恋情去治疗失恋的代价也要高于男性。代价越高，需求越少，如此而已。

失恋后该怎么办？

当一种成本已经发生而且无法收回时，这种成本就是沉没成本。经济学认为沉没成本不是成本，在决策时不需要考虑，因此对于不可能收回的沉没成本，放弃就是其理性选择。当我们思考爱情经济学时，沉没成本会告诉我们如何面对感情上出现的问题。

给MM的忠告：不要老是强调以前追求我的小伙子人有多帅，对我多体贴，而现在"一代不如一代"。要知道随着年龄的增加，男生会从丑青蛙变成钻石王老五，成为婚姻市场上的抢手货；而对于女生来讲，仅仅年龄的增加就足以导致其在婚姻市场中价值的贬损。因此，"逝者不可追。"在现在的情况下，如何才能找到最满意的恋人才是美眉应该进行的正确选择，否则你会错过许多新的机会。

给GG的忠告：当你发现你身边的女生不适合你时，你要坚决地离开。不要有"我曾经为这位美眉买过999朵玫瑰，如果和她分手，这笔投资就白费了"这种心理。要知道放弃"999朵玫瑰"这种沉没成本，你并没有任何的损失，和不适合的人进一步发展感情，才是你的最大损失。当你发现和对方不合适时，应该立刻分手，以短痛替代可能出现的长痛。

给GG和MM共同的忠告："失恋是一种沉没成本"。男生失恋时喝喝酒抽抽烟，女生失恋时泪流满面等行为是人之常情，具有增强爱情免疫力的功能，还有可能使对方看到自己的真情而回心转意。但为此而寻死觅活则大可不必。要知道"天涯何处无芳草"，为无法改变的事实而付出生命的代价，太不值。更何况，失恋意味着你对异性的心态又有了新的了解，与前男/女友交往的经验则有助于你未来的恋爱的成功，应该感谢而不是怨恨他/她。

第 10 节
彩礼与新娘的价格

非受币，不交不亲。

——礼记·曲礼上

彩礼，在中国具有悠久的历史。《仪礼·士婚礼》规定的六礼中，第四项为"纳徵"，即男家给女家送聘礼，女方一旦接受聘礼，婚姻即宣告成立。在春秋时代，"纳徵"也被称为"纳币"，并说"无币不相见"，即不送聘礼不能结婚。

但在现代社会，一说起彩礼，不少人肯定会和性别歧视，或封建余孽相联系。但从经济学的观点看，彩礼在婚姻形成过程中起着新娘的价格、信号显示和质押品等多种功能，对婚姻的成立和稳定起着重要的作用。这也正是该项制度在中国，尤其是农村仍没有退出历史舞台的原因所在。

第一，新娘的价格。在中国，嫁妆和彩礼同时存在，但嫁妆在婚姻形成中的地位远没有彩礼重要。彩礼与嫁妆的差额是男方家庭给予女方家庭因为嫁女所造成经济损失的补偿，即新娘的价格。中国现有习俗是女嫁男，俗语"嫁出去的女儿泼出去的水"说明的正是这一点。这就意味着结婚后女性的劳动收益归男方，造成了将女儿养大成人的成本由女方父母承担，而收益则由男方享有的结果。女方家长向男方索要一定的彩礼，以补偿养育女儿的辛苦和费用，并为自己提供一定的养老费用也就成为理所当然的事情。

彩礼还反映女性的稀缺性。中国现阶段存在显著的男女性别失衡，女方在婚恋市场上明显占据优势，男性想通过竞争获得合意的女性，不得不付出一定的代价。农村的彩礼和城市中的房子就是代价中比较重要的构成部分。同理，我们也可以从女性过剩的角度来分析印度流行高额陪嫁品的原因。

在婚姻市场上，存在比较明显的"女低男高"，即男性喜欢找各方面比自己低一点的女性，而女性则喜欢找比自己条件好一点的男性，这就造成了城市的中低端男性和农村中的优质男性共同竞争农村中的女性，尤其是优质女性。这也导致农村中女性的彩礼出现水涨船高之势。

新娘的价格

尽管彩礼是新娘的价格这个命题使婚姻蒙上了一定程度的买卖婚的痕迹，但从另一个角度看，彩礼起着调节"生男生女"的收益的作用。"较多的彩礼稍稍弥补了家庭对女儿的投资，在一定程度上有助于缓解男孩偏好"。（李树茁等：《性别歧视与人口发展》）尽管现阶段中国男女性别失衡问题很严重，但如果没有彩礼起着增加"生女"报酬的作用，中国的男女失衡问题可能会更加严重。这就是婚恋市场上的价格机制。

值得强调的是，尽管彩礼与新娘的价格相联系，但因父母总是爱女儿的，而索要过高的彩礼会给女儿将来在婆家的生活造成不利影响，因此彩礼不完全体现女儿的价值。不少学者，如陈志武和王跃生，在研究中国古代初婚和再婚女性价格时发现，再婚女性索要的彩礼高于初婚女性，对此的解释是再婚女性交易是一种彻底的市场交易行为，而初婚则包括父母的爱在里面。

第二，提高女性对婆家的价值。一个女性成为一个好妻子与其还是姑娘时父母的教育有关，而新娘的价格和女性的个人品质之间有着比较密切的联系。这就促使女方父母为提高新娘的价格而对女孩进行质量投资，如提高女性的教育投入。极端的情况是中国古代的裹脚、三从四德的教育和避免女儿与外人的接触等。如果不存在彩礼或彩礼数量严重不足，可能会导致女方父母降低女性的教育投入。毕竟对女孩的教育不仅需要金钱投入，也会产生对家庭生产活动产生挤压。因此，彩礼促进了女方父母增加对新娘的投资，也提高了女性对婆家的价值。

第三，"信号显示"。在中国古代社会，男女之间的地位并不平等，女性对男性有很大的依赖性，即男性的赚钱能力决定着女性未来的生存环境。在中国先秦时期，用俪皮和大雁作为聘礼就隐含着考察男性养家能力的含义在内。在现代社会，随着女生赚钱机会的增加，女性对男性的依赖度减小。但在农村地区，女性对男性仍然存在很大的依赖性。因此，真实了解男性的信息对女性具有重要的意义。但男女之间却存在着信息不对称现象，即男性知道自己的经济状况和赚钱能力，而女性则对此了解不足。面对人品、性格和素质良莠不齐的男性群体，女性在婚后会面临很大的风险，可能会出现婚前信誓旦旦，婚后实现不了的现象。为减少这种风险，女性及其家人会想方设法找寻信息渠道来了解对方，如通过恋爱和（或）打听等了解男方经济实力和可靠程度。但这些方式存在的问题是信息伪装问题，如穿借来的西服去相亲。打听来的消息也未必正确，因为中国人信奉的是"宁拆十座庙，不毁一门亲"。彩礼作为一种财富的纯转移，显示着男方家庭的经济实力和人际关系，起着"信号显示"作用。对于此，波斯纳这样写道："从女性的观点来看，只要是男性为获得一个妻子而支付的情愿程度和能力与男性生育和保护她的孩子之间有很好的相关关系，那么，聘礼就是一种有效的筛选装置"。（《正义/司法的经济学》）

因此，彩礼作为信息传递工具减少了女方及其家庭对男方及其家庭的考察时间和精力，节约了交易成本，促使交易的形成，即婚姻关系的确立。

第四，在婚前和婚后保护女性。彩礼并不是在结婚时才支付。按照惯例，从定亲和结婚之间存在一定的时差。在这段时差内，如果男方悔婚，女方将不退回彩礼；如果女方悔婚，则彩礼需要退回（乃至加倍退回）。尽管存在着女方悔婚的现象，但男方悔婚的现象更为常见。而且，在中国古代以及现在的农村，悔婚对女方所造成的损害非常巨大，因为它会影响女性第二次婚约的订立。毕竟女性的价值会随着时间流逝快速贬值，何况在中国传统的习惯中，订婚也就意味着男女间的同居合乎惯例，订婚后男方的悔婚将大大降低女性在二次婚约中的议价能力。为此，彩礼加重了男方毁约的风险，保护了婚约，如果男方悔婚，女方能为第二次婚约的困难得到一定的补偿。

这和订婚送钻戒的原理相一致。根据美国女经济学家玛格丽特·布里尼格研究,在美国性相对保守的 20 世纪 30 年代,随着女性可以在被未婚夫抛弃后索要赔款法律的废除,作为一种事后追偿婚恋市场上贬值的一种替代,订婚时向未婚妻送贵重的钻戒的习俗在美国得到普及。"人们对此的理解是,如果男子违反这一婚约,这个妇女就可以留下这个钻戒。"(波斯纳:《性与理性》)

正是因为有了彩礼的保护,女性在和男性交往的过程中,可以减少为避免风险而进行的防范和试探,也就减少了男女交往过程中的交易成本,促进婚姻契约的最终达成。

彩礼不光在婚前保护着女性,也在婚后保护着女性的投入。贝克尔就认为,配偶的分工和收益的分配是由市场力量所决定的。当婚姻的产出在配偶间的分配不可变时,由市场决定的配偶间的分配可能与婚姻的产出实际分配份额不一致,嫁妆或聘礼是对婚内分配中受损一方的预先补偿,其数量等于她/他在婚姻市场上影子价格与她/他在婚姻中所得到的效用的差额。(转引自齐良书:《婚姻经济学研究进展》和宋世方:《西方家庭经济理论的最新发展》)因此,彩礼是对女性婚姻产出分配不足的一种补偿,是对女性婚后投入的预先支付。

第五,稳定婚姻。因嫁妆能提高女性婚后的福利,利他的父母总会在女儿出嫁时给予女儿一定的嫁妆。因此,彩礼中的部分乃至全部会以陪嫁品的形式进入新婚后的小家庭,它增加了夫妻双方的共有财产。婚后的一段时间是组建家庭的男女双方相互适应对方的过程,在这个过程中婚姻解体的可能性要大于进入稳定期后婚姻解体的可能性。婚姻是否解体和是否结婚一样取决于成本和收益的考虑,而双方的共有财产是维系婚姻的重要保证之一,因为从司法判决还是社会惯例看,在离婚过程中,无过错的一方所得到家庭共有财产一般会多于有过错的一方。因此,彩礼在婚姻市场起着质押品的作用,能有效地保护婚姻契约的实施,增加了家庭解体的成本,也减少了婚姻解体的可能性。对于此,波斯纳这样写道:"离婚很容易的非洲部落使用了嫁妆来强制执行婚姻义务,如果丈夫没有过错,妻子跑了,那么男方会留下嫁妆;但是,如果是丈夫抛弃了或以其他方式不当对待妻子,妻子(或者是其家庭)就有权要求归还嫁妆。"(波斯纳《性与理性》)因此,彩礼对婚姻的草率解体起到一种遏制作用。

彩礼不仅仅是新娘的价格,也是面对婚恋市场信息不完全时保护女性和婚姻的一种手段。我们不能仅将彩礼当作封建余孽一棍子打死,在现阶段彩礼仍对婚姻的形成和稳定起着一定的积极作用。

第 11 节
高房价都是丈母娘的错吗？

妇人之性，率宠子婿而虐儿妇。

——颜氏家训

中国的高房价问题，是民众一直关注的一个问题，也成为各路神仙发表惊世骇俗言论的好话题。这不，关于冯伦"未婚女推高房价论"争论的硝烟还没有散去，中国房地产研究会副会长兼秘书长顾云昌就发表了关于"房价上涨，是因为'丈母娘需求'"之语，引发网民口水无限。支持者有之，他们认为顾会长的贴心话真是温暖了被丈母娘逼着买房而陷入赤贫阶层广大新女婿的心；反对者有之，他们认为中国的房价自有其上涨的理由，和丈母娘何干？

其实，顾会长的言论自有其道理。尽管中国有古语"丈母娘看女婿，越看越爱"，但女儿毕竟是自己的，为了不让自己的女儿在将来受到委屈，要求准女婿提供一定的住房，否则不准结婚也是理所当然。联想到哥伦比亚大学魏尚进教授的大作，将中国的高储蓄率归因于生儿子的家庭为竞争儿媳妇不得不进行的"竞争性储蓄"。竞争性储蓄在未来也会有很大部分流入房市，顾会长的刚性需求说可以在魏尚进教授的大作中得到支持。更何况在民间，早就流传着"生儿子是生建设银行，生女儿是生招商银行"之说。

就婚恋而言，男女之间是一种物物交换，男女双方互为供求关系。某人要价越低，追求此人的异性就会越多；异性出价越高，包括自己在内的供给就会越多。均衡的价格由需求和供给共同决定。

在这里，均衡的价格是由多个方面构成的。嫁妆和彩礼之间的差额是价格的重要构成部分，男方给女方创造比较好的条件也是价格的重要构成部分，这里面就包括丈母娘要求女婿买房子之类的。

因此，尽管婚恋是一种物物交换，但一般而言，适合某个男性的女性不在少数。适合某位女性的男性也不在少数。因此，我们可以将婚恋市场看成近乎完全竞争市

43

俺娘说了，你要娶媳妇，咋的也得准备一个让俺下蛋的地方啊！

无房不嫁

场。一个女性如果漫天要价，另一个适婚对象就会以相对较低的价格从这个女性手中将这个男性抢跑。市场竞争的结果是每一个男性和女性以与自己品质相对应的价格将自己"出卖"。无论是女性还是男性，都不存在漫天要价的空间。从最新发布的《2010年全国婚恋调查报告》可知，"70.8%的女性认为，男性必须有房才能结婚"。这就意味着由男性在婚前购买结婚用房已经构成现在女性意愿价格的重要组成部分。因此，丈母娘要求准女婿购买住房是女性价格的真实反映。

那么，女性的价格为什么会如此高呢？魏尚进教授关于中国的男女比例失衡的观点正确地指出了女性价格高的原因。一般而言，正常的男女出生性别比为106：100，因男性的夭折率高于女性，因此，该出生比能够保持适婚男女在性别上保持相对平衡。但在现代中国，男女的出生比已经达到了123：100，这就造成了女性相对于男性的稀缺。这种稀缺就造成了女性相对于男性的供不应求，从而造成了女性价格的上扬。其表现形式之一就是"无房不嫁"。无论是"未婚女推高房价论"，还是"房价上涨，是因为'丈母娘需求'"，均是女性价格上升的形象表达。对于这一点，魏尚进教授有着深刻的表述："随着男女比例失衡的扩大，有男孩的家庭在婚姻市场上会面临越来越激烈的竞争。竞争有很多形式，其中之一是为孩子买一个更大更好的房子，这在无形间会增大当地对住房的需求，由此进一步推高房价。从这个意义上说，我觉得中国过高的房价和男女比例失衡也存在一定关系。"[1]

经济学家的实证同样发现，娶妻成本与各省市性别比、储蓄率、住房面积和价格间呈明显相关性，比如，越是性别比高的地方，住房价格就越高，住房面积就越大。

为什么中国的男女性别比会失衡呢？不少人从中国的传统文化上寻找答案，其实造成中国男女性别比失衡最重要的原因是中国的计划生育管制。本书在其他部分讨论这个问题，在这里不作赘述。

最后强调的是，本人虽然认为未婚女和丈母娘对推高中国房价中起着一定的作用，但中国高房价的罪魁祸首是不合理的土地拍卖制度。无论是未婚女还是丈母娘，只是按照市场报价索取拍卖自己（或女儿）的报酬而已，不能成为不合理制度的替罪羊。

---

[1] 魏尚进：《竞争性储蓄：中国居民高储蓄率的重要原因》，http://money.163.com/09/0825/01/5HHD5K7700252G50.html。

第 12 节
房产与婚姻

——新婚姻法司法解释（三）对中国婚姻制度的影响

第七条 婚后由一方父母出资为子女购买的不动产，产权登记在出资人子女名下的，可按照婚姻法第十八条第（三）项的规定，视为只对自己子女一方的赠与，该不动产应认定为夫妻一方的个人财产。

由双方父母出资购买的不动产，产权登记在一方子女名下的，该不动产可认定为双方按照各自父母的出资份额按份共有，但当事人另有约定的除外。

——最高人民法院关于适用《中华人民共和国婚姻法》若干问题的解释（三）

新婚姻法司法解释（三）一出，舆论尤其是网络一片大哗："该司法解释是女性权益的一种倒退！""女性应该独立！"……

新婚姻法真的伤害了女性的权益吗？新婚姻法是否真的成为只是保护"强者（男性）"的法律？在新婚姻法司法解释出台后，一些学生和朋友知道我在写作关于婚姻制度的书，要求我对新婚姻法司法解释进行学理上的分析。于是临阵磨枪，向各位读者献丑，万望批评指正。

该司法解释对男女性权益的影响

与网上一般的舆论不同，在不考虑交易成本的情况下，该司法解释对未婚男女性权益并没有影响，但会伤害已婚女性的权益。具体分析逻辑如下：

对于由未婚男女组成的婚恋市场而言，男女性互为需求和供给。无论是男性还是女性，其价格（权益）取决于需求和供给。该司法解释并没有改变婚恋市场的基本面，即男女性的供给和需要，也就不会影响均衡的数量（结婚的人数）和价格（包括男女性的权益）。

值得注意的是，女性的价格由多种因素构成，婚前的彩礼是价格的组成部分，婚后享有男方或男方父母所购买的房产和其他耐用消费品也是价格的组成部分，（万一）

伤不起

离婚后分得夫妻共同财产的一半也是价格的重要组成部分。总的价格是多种价格的加总。现在法律限制了离婚后分得男方和其父母婚前购买房子的可能性，女性会通过在婚前索要更多的彩礼、或在婚前签订房产分配协议等形式实现自身的价格，而男方为娶到女方，不得不满足女方（婚前的）要求。因此，该司法解释仅仅是将婚后的支付转移到了婚前，未婚女性的价格并没有改变，未婚男性也没有因该司法解释得到好处。

对于已婚女性而言，其在嫁给男性之时并没有这样的司法解释，即女性的价格中包含（万一）离婚后分得夫妻共同财产的一半。现在法律改变了，但已婚女性在婚前并没有预期到这种改变，在婚前并没有向男性索要这部分价格，万一离婚，这部分价格将会被自己的（前）配偶得到。因此，该司法解释不利于已婚的女性但有利于已婚的男性。

但上面的分析仅仅是一种理论上的分析。在现实中，该司法解释增加了（未婚）男女双方达成婚姻合同的交易成本，而这些增加的交易成本需要男女双方共同来承担，具体承担的比例取决于供给曲线和需求曲线的弹性①。也正是因为男女需要共同承担由此增加的交易成本，双方的福利，即婚恋市场上的价格和成交量均会下降②。因此，从现实看，该司法解释不仅仅会伤害未婚女性的利益，也会伤害未婚男性的利益。

交易成本的增加体现在每一对新人上并不相同，但仍有一些交易成本可能是不少新人都会遇到的，下面举例说明之。

例一　为避免婚后的被动，一些女性要求婚前就房产问题签订协议，以使得（万一）在婚姻解体的情况下，其也能通过合同分享男性在婚前所购房产。婚前签订这样的合同会增加交易成本：南京市对这种合同的征税是一种交易成本，新人间为此可能伤害感情也是一种交易成本，合同签订时花的时间、雇佣律师等专业人士也是一种交易成本。

例二　为避免婚后的被动，一些女性要求增加婚前彩礼的支付。本来，男方已经被房子和其他的耐用消费品折腾得死去活来，不少家庭为了能让孩子娶上媳妇，在男孩刚一出生就储蓄（详见本书"都是丈母娘的错？"一节），现在除了房子外③，还不得不准备女方要求增加的彩礼，由此给男方家庭造成的经济压力也是一种交易成本。

总之，新婚姻法司法解释增加了婚恋市场上的交易成本，伤害了未婚男女性的利益；改变了财富在已婚男女间的分配，伤害了已婚女性的利益，但有利于已婚男性。

该司法解释对中国婚姻制度稳定的影响

中国社会日益增加的离婚率给婚姻制度造成了很大的冲击，也带来很多的社会问题。尽管婚姻价值的丧失不是法律或制度的改变就能逆转的，但法律或制度毕竟还是可以影响婚姻制度。那么，新婚姻法司法解释对中国社会婚姻制度有着什么样的影响呢？本部分将就此问题展开分析。

非常可惜，我认为，该司法解释将对中国婚姻制度的稳定造成非常不利的影响，其原因就在于该法律减少了夫妻间的共同财产。

---

①　对于这一点，交易成本的增加和税收的增加是一样的，在曼昆的《经济学原理》教材中有弹性与税负之间关系的分析。

②　即剩男剩女会增加。

③　无论如何，也得让新婚夫妻有一个窝吧？

　　离婚和结婚一样是基于成本收益权衡的结果，婚姻存续期间的共同财产是婚姻稳定的重要因素，它会增加离婚的成本从而减少婚姻破裂的可能性。因此，男方或其父母所购住房在共同生活多年后转变为夫妻间的共同财产的法律有利于婚姻制度的稳定。但最近出台的司法解释（三）将婚前财产，如住房等明确定义给了购买者（多数情况下是男性），减少了婚姻存续期间的共同财产，也就减少了离婚的成本，进一步增加了婚姻的不稳定。

　　与此同时，该解释减少了男性对妻子始乱终弃的成本，从而减少了婚姻制度对女性的保护，增加了不愿意进入婚姻市场女性的人数，减少了在婚姻市场成交婚姻的数量。具体而言，尽管在不存在交易成本的情况下，女性和男性在婚姻市场上的价格并没有改变，但可能造成男性对女性的支付从婚后的房产变成婚前的彩礼。与房产在离婚时才交割不同，彩礼在婚前就交割，这就使得在离婚时，彩礼是作为沉没成本并不进入男性成本收益决策的范围之内，而房产则进入男性离婚时成本收益决策的范围之内。因此，法律的这种改变减少了（步入中年，事业有成的）男性抛弃伴侣的成本，也就增加了男性始乱终弃的行为。而当女性意识到这种可能性存在时，为减少婚后被抛弃的风险，或增加婚前寻觅的时间，或在彩礼等部分要求增加支付以弥补风险，甚至为防止被抛弃而不进入婚姻市场，自愿被剩下，这些均会降低婚姻关系成立的可能性。

　　因此，该司法解释不光会对婚后婚姻关系的稳定造成不利影响，而且还会影响婚前婚姻关系的成立，从而给已经摇摇欲坠的婚姻制度以新的打击。

第 13 节

处女情结、杀头子
和人类婚姻的生物本质

且人道之始，求养甚难，保护甚难。母既以一人之力抱抚其子，既须自养，又须养子，实无余力兼管之；且大兽强人之相逼掠，危患多矣，则不得不借男子之力。于是男子佐女以营养之，护卫之，女则坐哺，男则力作。其子得食既足，护卫有恃，身体益健，比之一母之抱养兼事者，其强弱、寿夭、智愚相去远矣。行之既效，人皆知男女合力，养子易成，展转相师，遂成风俗。

——康有为：《大同书》

（一）

人既具有社会性，也具有生物性。最近三十年，应用达尔文的进化论分析人类行为的学科，如生物社会学、生物经济学得到快速的发展。这些学科的发展为我们考虑人类行为提供了新的视角，这些方法也同样可以应用于人类婚姻现象的研究。如早在20 世纪初，研究人类婚姻现象的韦斯特马克指出："对于婚姻问题的研究。首先必须联系到它的生物学基础。"（《人类婚姻史》）

本人对生物经济学的兴趣起源于《经济学家茶座》上黄有光教授的文章：《男女有别 ——从何炘基近著〈情是何物?〉说起》。与黄教授在西安交大授课期间 3 个月的接触也让我们有近距离聆听黄教授从生物本能上解释人类行为的机会。为什么男人认为小蛮腰的女生是漂亮的女生？为什么无论多大的男生都喜欢年轻漂亮的女生？这些问题深深地吸引着我。

有兴趣就会去查找相关的资料。无论是生物学经典著作《自私的基因》还是通俗读物《性别战争》，甚至经济学主流教材 Hirchlefer 的《价格理论及其应用》，都有相关内容的介绍。本文是作者阅读相关书籍基础上的一点总结和思考。

（二）

从进化论的视角看，生物行为的根本目的是自己基因的延续，包括自己生命的延长和带有自己基因的后代能够尽可能多地生存下去。无论是同性间还是异性间的"战争"均围绕这两点展开。基于此，生物经济学在认为在人类偏好形成过程中，"自然选择塑造了我们所有的偏好，最终目的是要使繁殖成功率最大化"。

由于男性和女性生理条件的差别，男性和女性在基因的延续上存在以下两个重大的差别：

第一，男性延续基因需要的时间很短，女性则不得不面对怀胎十月的痛苦。一个私生活随便的男性可以在一年内让许多的女性怀孕，孕育大量后代；而一个女性无论和多少人性交，一年之内她只能生育一个。这种成本上的差异造成了男性在生物本能上具有滥交以将自己基因遗传下去的倾向；而女性则对男性比较谨慎、保守和挑剔，只有在确认男性的能力后才愿意和男性一起延续基因。由此造成在基因延续上，男性靠量取胜，女性以质取胜。男性容易始乱终弃，而女性却往往从一而终。而正是这种生育成本上的差异，使在生育过程中付出更多的母亲比父亲更愿意照顾小孩。这也正是在我们的语言中，常说"母性"一词而很少说"父性"一词的原因所在。

第二，"母子关系看事实，父子关系须推理"。小孩不会认错母亲，但可能会认错父亲，即男性可能将别人的小孩当作自己的小孩抚养。① 在基因技术发展出来以前，男性无法分辨小孩是否是自己的。

从理论上讲，作为男性的最优策略是自己只负责播种，而将抚养小孩责任的责任丢给女性。但问题是，单靠女性一个人无法将小孩子抚养长大。"人类在下一代身上投入的时间之长，关照的领域之广，是任何其他物种都不能比拟的。而且，把孩子抚养成人所付出的辛苦足以超过妇女本身所能承受的极限。"（马尔科姆·波茨和罗杰·肖特：《自亚当和夏娃以来——人类性行为的进化》）因此，"除非一个男人向她承诺提供终身的扶植、保护或提供一个丈夫所能进行的服务，否则，女人显然不会愿意为这个男人生育子女，不会在这方面进行投资"（安东尼·W.丹尼斯和罗伯特·罗森：《结婚与离婚的法经济学分析》）。

---

① 科学家的研究表明，平均而言，有十分之一的小孩是由不知真相的非亲生父亲养大。

"有的男性出于爱情而使女性受精怀孕,并且,他们会为了妻子和孩子的生活拼命工作"。(乔·库尔克:《精子来自男人卵子来自女人》)很明显,对女性爱得越深的男性,越会克制男性天生的流浪癖,保护女性和小孩,小孩也越容易在恶劣的生存条件中生存下去。在天演的作用下,形成了男女双方对爱和性先后顺序上的差别:男人为性而爱,女人为爱而性。也正是因为这一点,"在婚姻问题上,女性比男性考虑得更多,而且看得更远,部分原因是婚姻对于女性的意义比对于男性的意义更重大"。(贝克尔和波斯纳:《反常识经济学》)

不愿意承担保护女性和小孩责任的男性将不会有女性愿意和他一起生养小孩。男性为取得女性对自己子女的生养,不得不和女性签订合约组建家庭,以保证自己的基因得到延续。从某种意义上讲,人类组织婚姻的目的是为了在儿女出生以前为其组织一个"抚养"团体。如恩格斯就认为:"最初的分工是男女之间为了生育子女而发生的分工。"(《家庭、私有制和国家的起源》)

因此,人类婚姻的生物本质是男女间为生养后代所做的相互承诺。"男人和女人选择对方成为伴侣是基于想生下最有生存能力的后代这一内在关注。"(大卫·诺克斯和卡洛琳·沙赫特:《情爱关系中的选择——婚姻家庭社会学入门》)男性给女性一个承诺,"我会和你一起将小孩子养大";而女性也给男性一个承诺,"和你一起养大的小孩子真的是你的小孩子"。

正是因为男性抚养能力对女性和小孩生存有着重要的意义,所以,"一个男人在他还不能供养妻子之前绝不允许结婚",在结婚前男性不得不向女性或其家庭证明其有这种能力。(韦斯特马克:《人类婚姻史》)在现代社会,我们同样可以发现,在择偶中,男性追求美貌并提供资源,女性追求资源并提供美貌。

(三)

社会生物学家研究发现,就动物世界而言,抚养后代需要投入的资源越多,雄性和雌性在一起的时间就会越长,"婚姻"也就越有可能采取一夫一妻的形式。相较于其他动物,智力对于人类的生存起着重要的作用,从而造成人类的大脑从比例上而言远大于其他动物。而大脑本身需要很长时间的发育,人类的成熟期也要远长于其他动物。

因人类的大脑较大,女性生育小孩的风险也随之增加。为适应这种挑战,在天演的作用下，女性的体态和生育时间为此做了专门的调整。在人类社会，女性的丰乳肥臀是漂亮的标志，这是因为有这样体态的女性有利于生育。尽管人类是十月怀胎，怀孕期要远长于其他动物，但生下来的小孩子相较于其他动物仍缺乏独立的生活能力。如果等小孩子进一步发育成熟后再生，女性的生产死亡率会进一步上升，这也不利于人类的生存和繁衍。

但女性的丰乳肥臀影响其力量和奔跑速度，不利于其在生存条件恶劣的环境中单独生存，小孩子不成熟就出生造成了女性无法独立将小孩子抚养长大。因此只有两性间的密切配合才能保证女性的生存和基因的延续，这就是以两性合作为基础的婚姻制度在人类社会如此普及的最根本原因。

男性因生育能力的无限性，在生育上的最佳策略是以量取胜；而女性因生育能力有限，最佳的策略是以质取胜。组建家庭的过程是男性为保证自己基因的延续配合女性放弃数量追求质量，即能够生存下来后代的过程。

社会生物学家在研究中同样发现，性对于其他动物而言，是季节性的，而对于人类而言，则可以贯穿全年。从天演的角度看，贯穿全年的性是女性对男性克服流浪一起抚养小孩的一种补偿和奖赏，是将男性吸引在自己身边一起抚养小孩的一种手段。因此，"从纯进化理论来说，在发情期以外仍然具有吸引力这一点，对于具有这一特点的人，以及对于整个人类，都应该构成一种选择优势"。（安德烈·比尔基埃等：《家庭史》）

由此可见，当我们将掩盖在人类婚姻制度上的层层面纱揭开，就可以发现人类婚姻的本质来源于人的生物性。

（四）

尽管婚姻的目的是基因的延续，但婚姻制度并不会保证男性不会养错小孩子。而养错小孩会对男性基因的延续造成很大的伤害。

为保证自己的基因得到延续，大多数男性认为，腰细和年轻是女性漂亮的一个非常重要的指标[1]。他们主张男女授受不亲，让"妇女生活在被贞操防卫起来的环境中"

---

[1] 从进化论的角度看，喜欢腰粗和年老女性的男性基因已经在演化中被淘汰了。马尔科姆·波茨和罗杰·肖特在《自亚当和夏娃以来——人类性行为的进化》中这样写道："自然进化同样影响并改变了我们的身体和行为，以确保我们的生育机会最大，最有可能把我们的基因传递给下一代人。"

潜台词

(恩格斯:《家庭、私有制和国家的起源》),要求结婚时女性是处女,在婚后要保持贞洁,通过限制女人生活圈子达到限制其性生活范围的目的。如司马光就认为"女子十年不出,恒居内也",又如"印度妇女以布蔽面,埃及则以锁加眉中,突厥则以白纱蔽面,波斯则以布笼身首如一亭然,仅露其目,盖亦同意……推其所以然,皆因防淫乱之故也"。(康有为:《大同书》)无论在中国还是西方世界,在古代,通奸是男性放弃现有婚姻的合理理由,对通奸的惩罚异常严厉。为减少女性的出轨,非洲一些地方流行"割礼"以降低女性的性快感。为了保持妇女的贞洁,甚至人为地使妇女无知……

尤其在一些有"女淫妇贞"传统的社会,普遍存在"杀头子"的习俗,即在无法判断小孩子是自己所生的情况下,将妻子所生的第一个小孩子抛弃或杀死。中国古代典籍不乏这样的描述。《墨子·鲁问》这样写道:"楚之南有啖人之国者桥,其国之长子生则鲜(解)而食之,谓之宜弟。"《汉书·元后传》这样写道:"羌胡尚杀首子,以荡肠正世。"颜师古对此的解释是:"言妇初来,所生之子,或他姓。"

周的祖先为"弃"，其可能也为被抛弃的"头子"。对此，《史记·周本纪》描述如下："周后稷，名弃。其母有邰氏女，曰姜原。姜原为帝喾元妃。姜原出野，见巨人迹，心忻然说，欲践之，践之而身动如孕者。居期而生子，以为不祥，弃之隘巷，马牛过者皆辟不践；徙置之林中，适会山林多人，迁之；而弃渠中冰上，飞鸟以其翼覆荐之。姜原以为神，遂收养长之。初欲弃之，因名曰弃。"

"然以男谱相传，子姓为重，男女不别则父子不亲；既欲父子之可决定而无疑，必当严女子之防而无乱，女贞克守，则父子自真。"（康有为：《大同书》）从基因延续的角度，我们也就可以理解中国传统社会一系列事关女性和婚姻的制度安排背后的经济理性。

（五）

在原始社会，群婚制下如何保证男性的基因的延续？人类社会为什么会从群婚制演进到对偶婚呢？

原始社会的生产力比较低，单一父亲的婚姻结构可能无法保证女性和小孩的生存。为此，众多的"父亲"共同抚养小孩对于女性而言也就成为一种理性的选择。对于每位男性而言，其所面对的也是多位具有生殖能力的女性，尽管风险很大，但自己基因得到延续的可能性从概率的角度看并没有得到降低。但这种方式存在的基础是男性品质差异不大且单一男性和女性无法独立抚养小孩为前提。

当男性品质差异变大导致单一男性可以与一个乃至多个女性一起抚养小孩时，为减少自己基因无法得到延续的风险，男性就会垄断相关女性的性资源，群婚制也就随之解体。对于此，恩格斯这样写道："专偶制的产生是由于，大量财富集中于一人之手，也就是男子之手，而且这种财富必须传给这一男子的子女，而不是传给其他人的子女。为此，就需要妻子方面的专偶制，而不是丈夫方面的专偶制。"（《家庭、私有制和国家起源》）

第 14 节
婚前性交、同居和试婚

同居使年轻人摆脱了社会不成熟时期寻找配偶所带来的高昂成本，幸免于性别隔离或性乱行为的惩罚，它还带来了许多婚姻的收益，包括资源整合和由共同生活带来的规模经济等。此外，同居促进了一方潜在婚姻伴侣之间的相互交流，并使得双方彼此做出调整以适应对方，而这对保持婚姻的长久和稳定至关重要。

——瓦莱里·奥本海默①

（一）

2011 年 3 月 17 日的《南方人物周刊》上刊登了这样一则消息："法国国家统计与经济研究所最近的一项调查显示，在 2010 年，法国有 24.9 万对男女登记结婚，19.5 万对伴侣登记'同居协议'。选择登记'同居协议'的法国人呈现不断增长的趋势，在巴黎 11 区，登记'同居协议'的人已经超过结婚的人。"

波斯纳在《性与理性》中也这样写道："婚前性交的发生率直线上升，特别是在妇女中。大多数妇女在结婚时不再是处女。"如在北欧，婚前性行为非常普遍，以致女性带着小孩结婚成为常态。

与西方相似，在中国，婚前同居和试婚也成为一种潮流。根据中国著名性学家李银河在其博客上的估计，"现在婚前性活动的比例早已超过六成，有的城市达到七八成人"。

针对婚前性行为的普遍性及其可能产生的社会影响，保守的美国布什政府曾经在中学大力推广青少年"婚前没有性活动"项目，该活动还影响到中国。如作为中国主流媒体的南方周末曾就女性的"婚前守贞"展开讨论。在上海有"新老娘舅"之称的柏万青提出："现在有许多小姑娘不珍惜自己，贞操是女孩给婆家最珍贵的陪嫁。"

---

① 转引自苏珊娜·格拉斯巴德·舍特曼主编：《婚姻与经济》，上海财经大学出版社，2005 年，第 98 页。

此话引起舆论大哗，也导致网民口水无限，将婚前同居和性活动争论推向高潮。

本文将不对婚前同居、婚前性行为和试婚等现象进行道德上的判断，因为这不是经济学所能解决的问题，而是通过成本和收益分析法分析为什么在现代社会，婚前同居和性行为会如此普遍，并分析该行为对人类婚姻制度的可能影响。

（二）

婚前同居并不是一件新事物，在初民社会，不少民族就有婚前同居的习俗。那么婚前同居的价值何在呢？其对婚姻的稳定有着什么样的影响呢？

婚前同居的可能原因之一是了解异性，为即将到了的婚姻奠定基础。对于这一点，我们以中外两名学者对此的描述说明之。

安德烈·比尔基埃等在《家庭史》中这样描述在 16 世纪的法国北部和阿坤廷地区："他们试娶妻子。他们根本不写书面婚约，只在与妻子长期生活过，试过她们的生活习惯，确实了解了她们的'土壤'确属肥沃之后才接受新婚祝福。"

费孝通在《生育制度》中则描写了广西花篮瑶的婚姻："婚姻是幼时由父母定下的，男子到了可以工作的年龄，每个月要有一两次到女家去做工，那晚就住在女家，和未婚妻同宿。这样，未婚的男女从小就有不断的接触。若是发现对方实在性情不合，他可以拒绝服务，把婚约解除，解除的手续是很简单的。结了婚，女的住到男家去，可是并不就开始全部的共同生活，因为女的时常回母家。实际上，夫妇关系和婚前相差不远。这时若要离异，手续和解约相同。一直要生了孩子，才正式长期同居。"

从上面的案例我们可以看出，同居的价值在于通过婚前的共同生活促进男女在婚前了解对方，减少婚前男女性所面临的信息不对称问题，促进有效率婚姻关系的形成。对于此，贝克尔在《家庭论》中这样写道："由于了解一个人的最好方法是与他在一起生活，因而未婚夫妻花费一些时间在一起共同生活，或许也包括试婚，对于互相深入了解会更有效率。"因此，同居为婚姻的稳定性提供了一种有效的机制，即使同居关系终结，其实也仅仅是避免了一场失败的婚姻。这是未婚男女选择同居的第一个可能原因。

同居的第二个可能原因是以同居的短期合约替代婚姻的长期合约，实现婚姻的部分收益。婚姻是一个长期的合约，男女间借此合约实现婚姻的互利收益。但男女一方或双方可能因种种原因缺乏签订长期合约的条件或不愿意受长期的法定婚姻义务约束

时，以同居替代婚姻以实现部分婚姻的收益可能是男女性的一种理性的选择。

但婚前同居也会带来一定的成本。如在强调女贞的社会，婚前同居会对未婚女性的价值带来较大的负面影响；未婚同居可能产生第三者，即小孩，如果男女未能进入婚姻，会对该第三者的福利造成较大的负面影响；婚姻合约保护随着年龄逐渐增加而贬值的女性的利益，相对而言，同居对其保护有限，这就为男性试而不婚的始乱终弃行为提供了条件；因同居并无法对女性的家庭劳作提供足够的保护，女性对家庭的资产专用性投资不足，这就导致无论是男性还是女性都无法实现婚姻的全部收益等。

由此也可见，同居对婚姻及其稳定会起到两方面的影响。如果第一个原因占据主导地位，即婚前同居和婚姻之间存在互补性，男女间会因为婚前同居有着共同生活的经验而增加婚姻的稳定性；如果第二种原因占据主导地位，则同居对婚姻起着替代作用，同居对婚姻关系的成立乃至婚后的稳定等起着负面的作用。从欧美的现实看，同居更多是与分手相联系。因此，同居更像是短期契约对长期婚姻契约的替代。

（三）

为什么在现代社会，同居会越来越普遍呢？分析可知，其可能原因有以下几种。

1. 男女性结婚年龄的推后为婚前同居和性行为提供了条件。无论对于男性还是女性而言，性需求是一种原始的自然需求。十几岁的少男少女在性上已经成熟，就有性需求。在古代社会，为防止年轻的男性和女性在性上出现不贞行为，实行早婚，以婚内性行为替代可能出现的婚前失贞。（详见本书"古代为什么结婚早？"一节）但在现代社会，随着教育时限的延长和工作压力的增加，结婚年龄被普遍推后。以同居的形式解决性出路也就成为不少青年男女的可行选择。

2. 在传统社会，女性缺乏独立生存能力，需要男性对其及其子女进行保护和经济支持，男性要求女性贞洁以保证小孩是自己的[①]。因此，贞洁是男性和女性间的一种交换。而随着女性从事社会工作比例的增加和社会福利制度的完善，女性及其小孩对男性的依赖降低，女性不需要通过婚前的守贞，即降低婚前的性快乐来换取男性对她和她小孩的保护和经济支持。女性婚前同居等失贞行为随之增加。甚至因为不需要通

---

① 婚前贞洁与否对男性养错小孩的影响不大，因为只要女性在婚前和男性有几个月的隔离期，就可以知道其有没有怀孕。但因不少男性将婚前的贞洁和婚后的贞洁联系起来，认为婚前守贞的人婚后守贞的可能性较高，这就使女性的守贞前推到婚前。

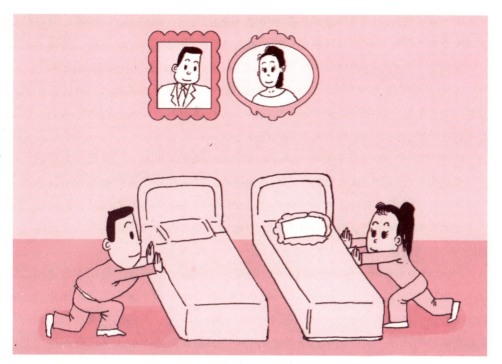

亲爱的，咱们同居吧

过婚姻的形式取得丈夫的保护和经济支持，婚姻的收益下降，许多女性选择与男性同居而不是婚姻来实现婚姻的部分收益。

3. 随着社会的发展和女权主义的兴起，性日益成为个人之事。同居作为男女间的个人选择，社会和舆论对其日益宽容。如在中国的法律中，就在未婚男女间的"同居"前去掉了"非法"两字，单位对同居行为的干预也已经成为历史。尤其是女权主义者将同居视为自己能自由支配自己身体，摆脱男性依赖的象征，将婚前守贞视为保守和落后的想法，促进了社会思潮的改变。以大学生为例，2000年胡珍教授在《新世纪大学生文明调查》中对2000名大学生的调查发现，对于婚前性交行为的看法，对婚前性交行为表现宽容的近90％，认为应该受到道德谴责或法律制裁的仅占10％。

4. 离婚自由化对同居行为的促进作用。婚约的最大作用在于保护价值日益贬值的女性的利益。随着离婚自由化潮流的发展，婚约对女性利益的保护作用下降。既然婚约无法保护在婚姻市场上处于弱势女性的利益，采取同居的形式既能实现婚姻的大多数好处，又能减少因婚姻可能产生的婆媳等矛盾和可能离婚所产生的不必要成本，其

也就成为不少男女性的理性选择。在不少欧美发达国家，如法国、美国等，针对社会上同居现象的普遍存在，对同居男女的计税方法，分手的财产分配等作了类似于婚姻的法律规定，为同居行为提供了法律规范，也对同居行为产生了一定的促进作用。

5. 随着基因技术的进步，男性已经不会养错小孩。对于男性而言，女性在婚前乃至婚后失贞的最大伤害已经消除，其对贞洁，尤其是婚前贞洁的强调开始减弱。这就意味着女性婚前同居对未来找丈夫的影响变小。

6. 避孕和流产等手段的发展降低了青年男女未婚同居的成本。未婚生育带来的社会关系更为复杂，对同居关系的影响也更为巨大。避孕和流产等控制生育的技术进步使同居的外部性得到有效降低，在促进社会对同居行为更为宽容的同时，也降低了同居男女的成本，因此"试婚和婚前接触频率增加，是对避孕技术发生重大改进的合理的反应"。（《家庭论》）

"从法律的角度看，结婚比同居更能保障自身利益，但是这个费用本身过高。这好比买保险可以保证发生意外而得到一定保障，但是如果这个保费高得不堪重负，人们宁可放弃买保险。"（李俊：《为什么剩女不结婚》）因此，未婚的男女在婚姻和同居间做着艰难的选择，而同居相对于婚姻比例的上升意味着成本的天平已经慢慢地偏向同居。上述对同居增加原因的分析说明的正是这一点。

尽管如此，在中国，现阶段仍有不少的男性持有很深的处女情节，如不少有钱人在征婚时要求对方是处女。因此，无论是女性为将来可能嫁得更好而自愿保持贞洁还是婚前为了解男性或实现婚姻部分收益而进行婚前同居，我们都应该保持一种宽容的态度，因为这些都是女性的自愿选择，而且该选择并没有伤害第三人。

在中国现行法律中，不承认包括"同居"、"试婚"等"事实婚姻"的法律效应，这和中国同居及与其有关纠纷日益增加的现实不吻合。因此，中国应该和西方发达国家一样，出台相关的法律或者明确以《合同法》对同居成员间的行为进行规范。

第 15 节
结婚的成本与收益

尽管婚姻是爱情的结果，但可以运用理性选择的工具对婚姻进行分析。婚姻是自愿的承诺，一般是在经过深思熟虑之后做出的，尽管这种深思熟虑可能并不完美。与某个特定女人结婚的决定，即使是因其外表美丽而表现出的一时情感冲动，也具有一定的经济学意义——它意味着成本和付出。

——劳埃德·R.科恩

"丈夫生而愿为之有室，女子生而愿为之有家。"为什么结婚会成为饮食男女的必然选择呢？

成本收益法是经济学使用最广泛的方法，对于结婚也是如此。贝克尔认为人们结婚的目的是从婚姻中得到最大化收益，即力图以最小成本换取最大收益。而其中的核心则是婚姻中的男女可以提供互惠式的服务。美国著名的法经济学家波斯纳也认为："家庭是一个最大的经济生产单位（抚养子女，提供食品等等）。就像市场中一样，婚姻如果不是为了互利，就创造不出效率。"（《法律的经济分析》）

经济学认为，潜在的夫妻会将他们结婚能得到的效用和两个人选择单身的效用进行比较。如果结婚后获得的效用——基于对家庭产出的分享，超过了单身时的效用，婚姻市场的参加者就会选择结婚，而结婚夫妻的总效用和他们单身时效用总和的差别就是婚姻收益。

婚姻所产生的第一个收益是性的满足和自身基因的延续。康德就认为："婚姻就是两个不同性别的人，为了终身相互占有对方的性官能而产生的结合体。"（《婚姻的权利》）生物学家的研究也表明，性快感是仅次于毒品提供的生理快感。婚姻使性伴侣长期化、稳定化，使性生活安全化。

英国哲学家罗素说："婚姻的主要目的是繁衍后代。"尽管从逻辑上讲，婚姻并不是繁衍后代的必要条件，但因男女性在生养后代上成本的差别，女性，尤其是在生产力并不发达的古代，在多数情况下并无力独自将小孩抚养长大。因此，除非男性同意和女性一起养

61

育小孩，否则，女性将不愿意生养小孩，这对男性延续基因同样不利。为实现自身基因的延续，男性不得不与女性组建家庭共同抚养小孩。因此，从某种意义上讲，婚姻是男女间共同抚养小孩的一份契约。通过该契约，人们可以合法生育，繁衍后代。如康有为就这样写道："母尽字育之勤，父尽教养之任，通力合作，其子易于成人。"（《大同书》）

除此之外，经济学认为夫妻间可以通过分工合作、生产合作与相互扶持而分享一些个人生活无法取得的收益。常见家庭内的分工合作有以下几种：一是可通过劳动分工实现比较利益和递增报酬；二是互相提供信用，协调人力资本投资的收益，比如一人工作供养另一人读书，最后共享荣华富贵；三是可分享家庭公共品，如调女弄子的天伦之乐，彼此的知识和智慧的分享等；四是防灾保险，如生病不至于无人照顾。下面具体论述之。

家庭生活中，很多行为并不具有规模经济的特点。如刷牙、洗脸等显然是个人行为，分工合作并不能带来这些行为效率的提升。甚至在一些事情上，两个人在一起生活会对对方产生一些负面的影响，如在早上起床后造成的洗漱间的拥挤等，即规模不经济。但在夫妻的共同生活中，也有非常多的事情具有规模经济的特点。如两个人分别洗自己衣服所需要的资源，如时间、用水等的加总要大于一个人洗两个人衣服；相对于租赁两个较小公寓，租赁一个较大公寓的成本会更低等。总体而言，两个人共同生活所造成的规模经济要超过规模不经济，这就是组建家庭的收益。一项研究对比了加拿大单身和已婚的男女的情况，发现独立居住的单身男女实际上要比夫妻家庭多花一半以上的钱才能达到同样的生活水平。（爱德华多·波特：《一切皆有价》）也正是基于此，澳洲女议员菲尔丁以绿色的名义向全球男女发出呼吁："为了地球，不要离婚！"结婚过生活可以节约土地、房屋以及水电资源等。

"结婚的收益来自于在投资于非市场活动的时间和获取市场物品的力量方面，男人和女人之间的互补。"（贝克尔：《家庭论》）在贝克尔的婚姻经济理论中，由于因男女身体条件的不同，男人在干体力活上具有优势，女性则在女红上具有优势，男性在外赚钱，女性在家从事家务劳动和养育孩子可以实现家庭收入的最大化。这种分工格局也正是中国传统家庭的主流形式，在现在台湾地区甚至在西方发达国家也常见[1]，这种基于

---

[1] 贝克尔认为男女之间的条件完全一致，则有效率的家庭生产意味着一方专业化投入于市场部门，另外一方则专业化投资于家庭部门。由于生理特点等因素，女性投资于家庭部门有比较优势，因此，我们就看到男主外、女主内这种家庭分工格局。同样由于生理的原因，家庭生产中最有效率的家庭是男女组合的家庭。（《家庭论》）

男女搭配，干活不累

比较优势的分工能有效地提升家庭生产的效率和双方在经济上的收益。同时，双方针对比较优势而进行的分工合作会因为长时间从事相似工作而取得"干中学"的效果，如一个人炒菜的水平会随着她（他）炒菜次数的增加而增加。当然，现代社会和传统农业社会不同，男女之间在家庭内的分工与农业社会也存在差别，并不必然采取男主外女主内的方式，有可能采取女主外男主内，但无论采取哪种形式，都要较每个人既主内又主外效率要高。

因此，男女间的分工其实是男女之间协调人力资本投资，实现专业化分工以最大化家庭收入。但这种分工是以婚姻契约作为基础保护主内方（一般是女性）的合法权益为前提。通过婚姻契约保护，夫妻双方就能协调人力资本投资，以实现双方收入的最大化。同样的道理，如果夫妻中的一方为取得更大的进步需要放弃一定的眼前利益或需要对方做出一定的牺牲，如果没有婚姻契约作为基础保护另外一方的利益，协调成本也许就会高到计划无法实施的地步。因此，家庭关系类似于一个长期稳定的契约关系，家庭成员在此契约中，可以进行相对稳定的合作，并分享合作的长远收益。

俗话说："男女搭配，干活不累。"在家庭生产和生活中，男女之间的配合能减少疲劳和无聊。如在家庭中总有一些家具是靠单个男性所无法移动的，而依靠夫妻之间的合作，移动就能比较轻松实现；墙壁是很高的，一个人粉刷时要不断上下梯子，既危险又容易产生疲劳感，如果夫唱妻随，一人刷墙，一个在下面服务，顺便讲讲家庭琐事，事情能在不知不觉中完成，而且不容易产生疲劳感和无聊感。

无论在法律上还是在道义上，婚姻当事人都有责任和义务在婚姻家庭里所发生的一切事情和诸如生病等各种意外情况尽力而为，因此，我们可以将婚姻看成夫妻间的一种相互保险，夫妻双方可以同舟共济、互相扶持以抵抗各种不利的人生变故。"少年夫妻老来伴。"人的一生总是生老病死的过程。在这个过程中，总有一些单靠个人很难过去的坎，而依靠夫妻之间的相互安慰、支持和帮助，这些困难就会比较容易克服。当然，父母、亲戚也能帮助解决不少的问题，但远亲不如近邻，近邻不如枕边人。

对于家庭的保险功能也已经得到实证研究的支持。一项关于意大利妇女的研究发现，单身女性比已婚妇女的风险投资少，显示出她们感到经济上比较脆弱。还有学者发现，爱尔兰1996年离婚合法化导致已婚夫妻储蓄率提高，她们以此避免离婚可能造成的损失，作为经济上的缓冲。（爱德华多·波特：《一切皆有价》）社会学家甚至发现，"结婚能够降低男女双方的死亡率"。对此的解释是："婚姻所提供的针对疾病和死亡的保护，可能是通过更容易达到的社会支持、社会控制来实现的，这两者相结合可以规避风险，拥有更健康的生活方式和减少弱点。"[大卫·诺克斯和卡洛琳·沙赫特：《情爱关系中的选择——婚姻家庭社会学入门（第九版）》]

通过彼此间的感情交流，婚姻能给人带来诸如浪漫、温馨、踏实等精神享受。作为一个时常晚归的人，家里的一盏灯给我带来莫大的心里安慰，知道在世间走，我并不孤独，有一个爱我的人和我爱的人牵挂着我。一些社会学家甚至认为："婚姻关系中的伙伴从对方那里获得的情感支持，仍然是婚姻最强烈和最基本的功能。"[大卫·诺克斯和卡洛琳·沙赫特：《情爱关系中的选择——婚姻家庭社会学入门（第九版）》]

因此，"婚姻是一男一女为了共同的利益而自愿终身结合，互为伴侣，彼此提供性的满足和经济上的帮助以及生男育女的契约"。结婚的收益包括物质和非物质的众多方面，英美经济学家的实证发现，美满的婚姻给人带来的效用相当于年赚10万美元给人带来的效用。而实证结果同样表明，稳定的婚姻当事人的身心也相较于单身人士健康，寿命也较高。因此，结婚给当事人带来的收益非常之巨大。

"我想和一个男人生活在一起，真的，想和人分担、分享。可是，把我的生活和一个别的什么人连在一起，然后对自己说：这是不能改变了，我得整个陷到里面去，那我就没有自由了。"（让－克洛德·布罗涅：《西方婚姻史》）尽管人们通过婚姻实现婚姻的功能（收益），但结婚也需要付出成本，如结婚前搜寻结婚对象的谈情说爱，谈婚论嫁时的讨价还价，单身快乐的丧失，结婚后的协调和相互容忍等都需要一定的时间、物质和精神支出。因此，经济学认为结婚是基于成本和收益考虑的结果，当婚姻所带来的收益大于成本时，他就会选择婚姻，反之就会继续寻找和保持单身。

值得强调的是，结婚的成本和收益还与家庭的经济状况有关。贝克尔的实证研究就表明，"贫贱夫妻百事哀"，贫穷夫妻结婚的净收益要小于富人和高学历的人，这就造成富人和高学历家庭的稳定性要强于穷人。

康有为在《大同书》中这样写道："不独其为天合不可解也，人道之身体赖以生育抚养，赖以长成，患难赖以保护，贫乏赖以存救，疾病赖以扶持，死丧赖以葬送，魂魄赖以安妥，故自养生送死，舍夫妻、父子无依也。"正是男女性之间组建家庭的收益如此巨大，使结婚成为世上大多数男女性必经的一个阶段。

第 16 节
父母之命、媒妁之言

蓺麻如之何？衡从其亩。取妻如之何？必告父母。

——诗·国风·齐风·南山

伐柯如何？匪斧不克。取妻如何？匪媒不得。

——诗·国风·豳风·伐柯

男不自专娶，女不自专嫁，必由父母，须媒妁何？远耻防淫佚也。

——白虎通义

"父母之命，媒妁之言"，男女之间这种传统的结合方式在现代社会，尤其是城市，已近消亡，但这确实是我们祖先在组建家庭过程中的必备阶段。早在先秦时期，中国就确定了"父母之命，媒妁之言"作为婚嫁的基础。《孟子·滕文公下》这样写道："不待父母之命、媒妁之言，钻穴隙相窥，逾墙相从，则父母、国人皆贱之。"而在随后，各封建王朝多用法律的形式规范之。如《大明律》这样写道："嫁娶皆由祖父母父母主婚，祖父母父母俱无者，从亲主婚，其夫亡携女适人者，其女从母主婚。"

西方古代社会的情况与中国相类似。恩格斯指出："在整个古代，婚姻的缔结是由父母包办，当事人则安心顺从。"（《家庭、私有制和国家的起源》）而斯塔夫里阿诺斯这样描述古代美索不达米亚文明婚姻："婚姻不能由可能会被爱情蒙蔽的新郎和新娘来选择，而是要由双方的父亲或者在父亲去世的情况下由其母亲或兄长来决定"。（《全球通史》）

"婚姻作为一种制度，无可指责。而且我很乐意承认，婚姻可以是给人带来幸福的条件。实际上，我就很想哪天能够结婚。但一想到包办婚姻，我就腻味。"（让－克洛德·布罗涅：《西方婚姻史》）父母包办婚姻，在现代年轻人眼里是无法容忍的事情，它剥夺了男女选择自己心爱人的权利；媒婆则更是一个非常差的角色，她限制男女之间的自由恋爱，为撮合婚姻，将白说成黑，将非说成是，如果世界上没有媒婆这个角色，世界将会美好很多。这是否符合历史呢？

拉郎配

经济学认为任何一项社会制度，如果背后没有经济理性作为支持，将不可能长时间存在。这同样适用于包办婚姻与媒婆制度。当我们将分析视角转向中国传统社会的约束条件时，"父母之命，媒妁之言"的合理性也就跃然而出。

父母之命

首先分析为什么自由恋爱在古代社会并不是一个理性的选择。

原因一，门当户对。由于婚姻会将两个陌生的家庭乃至两个家族联系在一起，或是在两个友好的家庭或亲属群体之间建立新的纽带，因此，婚姻的影响不仅仅限于婚姻的当事人，婚姻也不仅仅是男女双方的事，而是家庭乃至家族的事情。不当的婚姻可能会影响家庭的互保，从而影响家庭或家族的生存。因此，"一般家庭都尽可能避免与那些不诚实的家庭或者那些因管理不善而总是求助于别人的家庭，以及那些可能会损害自己名声的家庭交往。这样，在其家庭成员的配偶选择问题上，家庭总是进行相当严格的把关。"（贝克尔：《家庭论》）

原因二，在前现代社会，买卖婚盛行。《颜氏家训·治家》这样写道："今世嫁娶，

67

遂有卖女纳财，买妇输绢，比量父祖，计较锱铢，责多还少，市井无异。"因子女对婚嫁对象的品质要求可能与父母收益最大化的要求不一致，限制子女的择偶权利吻合父母的利益。而为防止子女的偏好影响婚姻的达成，"已订婚的男女，在结婚以前，几乎是互不认识；新郎只有在婚礼上，才第一次窥见妻子的面容。"（韦斯特马克：《人类婚姻史》）买卖婚的盛行与父母限制子女择偶自由间存在因果关系。

在中国古代社会强调女贞，这就意味着处女的价格要远高于非处女，而婚前男女性的自由交程度往与失贞之间呈现明显的正向关系。为实现女儿价格的最大化，女方父母总是像防小偷一样防着女儿与年轻男性的交往。公开的求爱和谈情说爱一般而言不可能，父母之命也就成为婚约成立的唯一的可能选择。

原因三，古代中国并不像现在一样，适婚男女有大量的认识机会。那时，男耕女织，未婚男女并不在一起劳动。而且在一个村子里聚集的基本都是同姓之人，"男女同姓，其生不番。""同姓不昏，惧不殖也。"基于生养健康后代等理由①，中国古代一直禁止同姓婚姻。如果允许自由恋爱，怀春的少年，钟情的少女能接触的同龄异性就是自己的堂（亲）兄弟姐妹，还有部分在传统礼仪之下可以婚配的表亲，适婚异性缺乏，禁止同姓婚姻的成本将会非常高。而在那时，村与村之间的联系也不如现在方便，如果男女是通过自由恋爱的方式结合，要男性翻山越岭寻找大门不出的女性谈恋爱，并不是一件容易的事情。

原因四，在古代，普遍实行早婚，在男女的生理年龄刚成熟的时候，就要成家。（详见本书"古代为什么结婚早？"）在男女性社会心理还没有成熟的情况下，让男女自己选择婚姻伴侣，并不是现实和理想的选择。

原因五，爱子女是父母的天性。作为父母，总是希望自己的子女有一个好的姻缘。而"在一个文化静止的社会里，父母自己认为妥当的配偶常常对女子来讲也是理想的配偶，因为他们的判断，根据可靠的经验，比较正确。而且，第三者的考虑也比较周到和客观，可以照顾到夫妻生活的各个方面"。（费孝通：《生育制度》）

在当时的社会条件下，如果以今天人们习以为常而且自认在具有道德优越感的自由恋爱作为婚姻的基础，同时要排斥近亲结婚，信息费和交易成本费用都会极高，高

---

① 除生理因素外，家族间借组同姓不婚来联结权势和维护宗族伦常关系也是重要原因。《礼记·郊特牲》讲得很明白："娶于异姓，所以附远厚别。""附远"是指异姓间的依托，"厚别"则是指同姓内的区别，以免将同姓内的嫡庶、长幼、亲疏等尊卑关系打乱。

得可能导致婚姻不可能发生。这就会威胁人类的繁衍。包办婚姻也就成为中国古代农业社会的一项最基本的婚姻制度，也成为世界上大多数前现代社会的共同选择，其合理性和效率也显而易见。

媒妁之言

"男女非有行媒，不相知名；非受币，不交不亲。"

尽管婚姻由父母做主是中国古代婚姻制度的基本特点，但父母替子女寻找适合自己子女的异性同样面临高信息和交易成本的问题。这时，借助于专业化婚姻媒介——媒婆就能降低信息和交易成本，以促成婚姻契约的达成。媒婆在婚姻市场中的作用就像现代社会中的拍卖者。张五常就认为："在合约协商期间，媒人提供关于新娘的技能和其他特质的信息。新娘的价格决定于潜在买者之间的竞争性出价。"（《经济解释》）因此"媒妁之言"在古代社会具有非常强的制度正当性，它有利于人类社会的生存。媒婆对其职业进行辩解时的表白说明了这一点："我的姑娘也！你把媒人骂死了，人间鹊桥哪个搭？上庙去把尼姑做，背起包袱找男人。头发白了还是黄花女，八十岁的姑娘打单身。"

此外，如父母之命一样，媒婆在防止乱性①，保障婚姻乃至保证家庭稳定等方面同样起着重要的作用，而正是因为她们的作用和地位之重要，中国历代法律甚至规定"媒妁之言"是婚礼必须经过的步骤。

在现实世界中，为实现完成交易，拿到中介费的目的，媒婆存在夸大优点的可能性。《战国策·燕策一》就这样写道："周地贱媒，为其两誉也。之男家曰：'女美'。之女家曰：'男富'。"正是源于此，媒婆的角色在历史的早期就受到歧视，并为历代婚姻不幸福的男女所责骂。如在江淮一带就流传着这样的民歌："背时媒人像条狗，这头吃了那头走。婆家来夸女儿美，娘家来夸女婿富，哄得小狗去撵兔，哄得小猫去上树。豌豆开花结角角，媒人吃了烂嘴角；豇豆角角尺二长，媒人吃了烂大肠。"

但从经济学的视角看，媒人的这种夸大对男女婚约的形成影响有限。媒人在说媒过程中能够给男女双方提供足够真实的信息。原因有以下几点：

（1）因为男方和女方在事前都知道媒婆的话会夸大，那么在具体的决策中，都会按其历史上夸大的程度将其所言打折扣，以取得适婚对象的真实信息。

---

① 《淮南子·泰族训》就这样写道："待媒而结言，聘纳而取妇，初缫而亲迎，非不烦也，然而不可易者，所以防淫也。"

（2）媒婆作为专业的婚姻中介，语言的可信度决定未来生意。尽管一次夸大的收益很高，但可能会导致其未来生意的下降。为了未来，其也会尽量提供真实的男女信息。

（3）媒婆的收益一般是分期给付，只有当婚姻正式成立后，最后的给付才达到媒婆那里。如果媒婆在中介过程中伪造的信息给某方造成很大的损失，那么，她也有丧失最后给付的危险。

（4）媒婆都为本地人，本乡本土也给媒婆很大的舆论压力，促使其不可能偏离真实信息太远。因为媒婆市场可竞争市场，当一个媒婆夸大程度过高，丧失其信誉时，竞争者就会出现并掠夺其市场。为防止这种情况的发生，媒婆会限制通过夸大信息获取短期利益的行为，以获取长期收益。

为什么随着时代的发展，父母之命、媒妁之言的合理性会逐渐丧失呢？原因还可以在以上的分析中找。

首先，人类寿命和学习时间的延长，早婚制退出了历史的舞台，适婚男女年龄的增加意味着其对婚姻的把握能力增强，"父母之命，媒妁之言"的必要性也随之下降。

第二，随着女性参与市场活动的增加，可婚配异性之间接触和交往的机会增加。

第三，现代社会信息变化非常快，父母基于以前的经验给自己小孩选择的伴侣并不一定适合自己的小孩。

这些变化使得实施"父母之命，媒妁之言"的交易成本增加，该制度也逐渐退出历史舞台。

尽管"父母之命，媒妁之言"可能会造成"凤鸭错配，抱恨终身，伉俪情乖，动辄反目"的现象，但无论哪一种婚配方式都存在自身无法克服的问题，自由恋爱错配的比例也不低。在特定的历史时期，"父母之命、媒妁之言"为人类社会的延续提供了良好的条件。对于此，一些学者有着清醒的认识。如余新忠就这样写道："'父母之命，媒妁之言'这一制度性的规定是建立在婚姻为父母或家庭的责任以及青少年不能自由往来这样的基础之上的。如果在这样的基础上来认识，这一规定不仅合理，而且必要。"[《中国家庭史（第四卷）——明清时期》]因此我们不能因为父母之命、媒妁之言合理性的丧失就否认其以前的价值。即使在今天，父母以过来人的身份帮子女做参谋，选择伴侣，也可大为减少子女婚姻的风险，有利于子女形成快乐幸福的婚姻。婚介所的大量出现，"非诚勿扰"等电视节目的流行，则说明在现阶段，作为男女间相互认识中介的"媒婆"，并没有退出历史舞台。

第 17 节
门当户对

结亲惟取门当户对，不可高攀，亦不可就下。

——清·于成龙

尽管在现代社会，多数人相信爱情是婚姻的基础，但从历史上看，尤其从中国历史上看，"父母之命，媒妁之言"却是大多数婚姻的基础，婚姻家庭关系也一般在家庭相当者之间建立。为了排斥爱情在婚姻中的作用，保证该制度的实行，中国古代还有一系列的制度安排，如强调"男女授受不亲"，禁止男女双方在婚前接触等。即使在现代，仍有一些国家男女的婚姻是被安排的，浪漫的爱情关系的发展受到严格的控制。例如，家长会为自己的孩子选择约会对象，阻止任何潜在的与"错误"的人恋爱的机会，以保证孩子与"对的"人结婚，这个人必须属于父母所期望的社会阶层并且拥有父母所期望的经济条件。因此，灰姑娘的故事更多是出现在童话中而不是现实之中。

如何看待门当户对？经济学从以下几个角度分析门当户对背后的理性。

（1）社会保险。《礼记》认为结婚是"合两姓之好"，而不是合"两性"之好，婚姻由男女间个人之事发展到男女两亲党、家族之关系。因此，它并不是两个人的事情，而是家庭乃至家族的事情。一经嫁娶，就组成姻戚，新的社会关系由此产生。在古代，由于社会保障机制缺乏，"婚姻关系是作为医疗保险、残疾保险、养老保险缺失的一种替代"（斯塔夫里阿诺斯：《全球通史》）而存在。两性之间结合，就是两大家庭（家族）之间建立互保和扩大社会资源的过程①。而将这推到极致的，就是中国古代两民族之间的和亲制度。既然是社会保障，就非常强调对等性，即要求双方家庭的政治、经济、社会以及文化地位相一致。这就是门当户对。"男女双方都将姻亲视为得力的朋友和同盟者。找到一个有才华女婿或家庭名声好的新娘等于得到一个可以反

---

① "印度农村流行女儿远嫁，明显具有防止农业歉收风险的功效，两亲家不在一个农业区，同时受灾的可能性较小，若一方遭灾另一方有能力接济"。

过来在社会和政治生活中获得帮助的家庭。"(伊沛霞：《内闱：宋代妇女的婚姻和生活》)因为当双方家庭经济实力差距过大时，实力弱的一方并不能为实力强的一方提供必要的保障和社会资源。为此，门当户对成为古代婚姻中非常注重的事情。即使在现在的农村甚至城市，我们还能看到七大姑、八大姨参与男女方的相亲过程并考察对方社会关系的各种制度安排。费孝通认为："在结婚前，男女双方及其亲属所履行的各种责任，在我们看来，其重要性是把个人的婚姻关系，扩大成有很多人负责的事，同时使婚姻关系从个人间的感情的爱好扩大为各种复杂的社会联系。"(《生育制度》)

(2)合作的利得。相同或相似家庭背景的人具有相似偏好的可能性比较大，对配偶的容忍度也就较高，家庭更和睦，婚姻更为美满。社会学也将这种与自己的社会经济地位、文化、职业、民族、宗教等基本一致的人所建立的婚姻关系称为同类婚姻，认为这种婚姻比较稳定①，对生养孩子也比较有利。这用经济学的专业术语表述就是门当户对可以减少家庭内摩擦，降低交易成本。当然，堂表兄妹之间的婚姻最符合同类婚姻的条件，"和不认识的女子结婚，如同从水缸中饮水；而同叔伯姐妹结婚，如同盘中饮水，自己知道自己喝的是什么。"直到 20 世纪早期，堂表兄妹结婚在世界上也不罕见。尤其是在阿拉伯国家，堂兄弟有娶堂姐妹的优先权，甚至未经堂兄弟的同意，堂姐妹就不能出嫁。(韦斯特马克：《人类婚姻史》)

(3)知识传授。在传统社会中，年龄较大的人总是受到大家的尊重，因为他们拥有长年累积起来的知识，而这些知识对于处于静态环境中的年轻人来讲具有特殊的价值。在传统社会中，对于年轻一代的知识传授，主要是通过对其子女、侄子、侄女和下一代亲属的家庭文化遗传来实现的。因此，"可以把家庭看做是一所小型的专门学校，它为特殊职业、耕种和手工作坊培训学生，并且在这些毕业生的资格得到社会正式认可之前，家庭负责担保他们的这一资格。"(贝克尔：《家庭论》)那些年长者所拥有的与其职业相联系的知识和特殊技能等，更容易传授给那些与其家庭背景相似的年轻人。同时，女性在出嫁前所接受的教育，在家庭背景相似的情况下也较容易在新的家庭中得到应用，适应新家庭的速度较快。

(4)收入最大化。"有最佳合伙人的律师事务所总想雇佣最佳职员为它们工作；拥有最佳学生的法学院总是有最佳教师；兴旺市场中的企业总是比出于衰落市场的企

---

① 费孝通在《生育制度》中这样写道，高度契洽不易凭空得来，只能在相近的教育和人生经验中获得。

业拥有更好的总经理。如果我们假定配偶的实际质量像在农场、律师事务所、法学院和公司中一样是一种乘法关系而不仅仅是一种加法关系，那么婚姻（好像在大体上）也应该是这样的。"（波斯纳：法律的经济分析）更全面的观点由贝克尔提出。他认为，在家庭生产中，如果男女质量存在替代关系，则门当户对不利于男女收入最大化，反而是不对等的婚姻有利于双方扬长避短，通过专业化分工，实现收益的最大化；当男女质量存在互补关系时，则是一个高质量的女生能提高高质量男生的生产率，从而实现家庭收入的最大化。（贝克尔：《家庭论》）可以作为例证的是，博士毕业的男生总是喜欢找本科或硕士毕业的女生，除了年龄关系外，主要的原因还在于这种组合通过让女性多照顾家庭，让男性实现事业，实现家庭收入的最大化。此时，替代关系起到了决定作用。但一个博士毕业生不太可能去找一个大专或更低文凭的女生，因为男性的事业在很多时候需要女性理解和帮忙，匹配的婚姻比较容易做到这一点。此时，互补关系就起着决定作用了。实证结果也表明，男女双方的互补效果要大于替代效果，即门当户对的婚姻有利于家庭收入的最大化①。

（5）信号显示。对于女性，尤其是在古代，对男性的依赖程度是非常深的，男性的赚钱能力、财富、品质等会直接影响女性出嫁后的生存状况。针对男性的信息收集能部分解决这个问题，但信息的收集同样需要成本，而且，所收集的信息也有失真的问题。怎么办？经济学认为，"对于那些难以评价的特征，可以通过利用能够容易评价的特征信息——诸如宗教、信仰、受教育程度、家庭背景、种族和外貌等来进行部分的测定——因为这些特征同那些难以评价的特征常常按照一个规律的方式一起变动。"（贝克尔：《家庭论》）求贤臣于孝门，一个出自耕读世家的男性，其品质从一般的角度讲要远高于社会平均水平。而且，殷实家底也能帮助年轻夫妻事业起步。对于男性来讲，女性的品质同样对家庭和睦、自己的事业等各个方面具有重要的影响。不是有俗语"一妇正，一家正"吗？在信息不完全的情况下，选择与自己家庭背景等各方面比较般配的女性是理性的选择。因此，门当户对的背后是信号显示起着作用。

但大家都知道爱情是盲目的，陷入爱河的男女双方考虑"门当户对"比较少，而考虑感情和容貌等因素更多。为防止不当婚姻给家庭（家族）利益造成伤害，古代婚姻大多以父母之命、媒妁之言的方式出现。为防止男女之间发生感情，未婚少女被阻

---

① 具体来讲，知识、教育程度、种族、家庭背景、身高以及其他变量，相近者才能够结合；而依照工作率及其他变量，"相异者"也能够结合。（贝克尔：《家庭论》）

门不当，户不对

止或禁止参加社会活动；为防止子女对对方相貌的偏好影响婚约的协商，新郎只有在结婚后才允许第一次见到新娘的面（这叫盲婚）；孝顺的道德准则意味着无条件地接受父母选择的配偶。(张五常：《经济解释》)

　　由于信息不对称，看上去门当户对的婚姻关系未必真的合适。为防止姻亲关系损害家族利益，知根知底的表亲也就成为一种常见选择，毕竟"你已经知道的运气比你希望知道的运气要更好一些"。如明清之际的张履祥这样告诫子孙："选择当始自旧亲，以及通家故旧，与里中名德故旧之门，切不可有所贪慕，攀附非偶。"在小说《红楼梦》中，我们可以发现其中存在四大家族之间大量复杂的表兄妹婚姻。表兄妹"在生活习惯上是相近的，而在社会结构上却处于外围"（费孝通：《生育制度》），结婚并不会破坏传统的社会伦理结构，并可以减少形成不良亲属关系的危险，也就成为不少家庭选择婚恋对象的理性选择。这就造成了一些（大）家庭（族）之间出现世为婚姻的复杂关系。

　　在现代社会，不少社会保障功能从家庭中剥离，由社会或专业化机构承担，职业教育也从家庭内部的传承变为由社会专门机构进行教学。男女性通过婚前交往获取信息的可能性增加，对适婚对象的个人特征的关注程度得到提升，这在某种程度上减少了对门当户对的强调。门当户对也出现了新的表现方式，如学历、职业等相似。

但这并不意味着在现代社会，门当户对已经丧失其经济理性。贝克尔在《家庭论》中这样写道："教育和家庭背景是很重要的，因为爱情更容易在受过同等教育的和有着相同家庭背景的男女之间产生和发展。"既然作为婚姻基础的爱情容易在门当户对的异性间产生，在婚姻中门当户对所占的比重应该会更高。经济学研究也证实，那些偏好相似、生产能力相近、家庭内部分配较为均等的夫妻，离婚的可能性较小；相反，那些缺乏共同点、家庭内部分配高度不均的夫妻则容易离婚。（齐良书：《婚姻经济学研究进展》）其实这也正常。在现实生活中，当你发现所购商品是不等价交换时，不是经常会在事后找对方的麻烦吗？

世纪佳缘联合多家媒体发表的《2010～2011中国男女婚恋观调查报告粉皮书》中认为，门当户对这一传统婚恋观仍然被大多数人所普遍认同成为当今主流的婚恋观点。而社会学家的实证研究也表明，即使在现阶段，中国的大多婚姻仍为"同阶层婚"，门当户对的婚姻在中国仍处于主导地位。一些西方国家就择偶问题的调查同样发现，尽管社会流动性增加，"在自己阶层中或与自己阶层相近的阶层中结婚的机会仍然比在完全不同的另一阶层中为多。"（安德烈·比尔基埃等：《家庭史》）

第 18 节
女嫁男、裹脚和三从四德

涂香莫惜莲承步，长愁罗袜凌波去；只见舞回风，都无行处踪。偷立宫样稳，并立双趺困；纤妙说应难，须从掌上看。

——苏东坡

对于中国古代社会来讲，男嫁女是一件非常不光彩的事情。在秦始皇时代，"倒插门"男性的社会地位和囚犯相当。在汉武帝时，赘婿是属于"七科谪"之一。即使在现在，我们看到的普遍现象仍然是男娶女，上门女婿在不少人的眼中不是贫穷就是别有用心，那么为什么是男娶女而不是相反呢？

从理论上讲，只要社会上普遍采取男嫁女，其实施效果和现在是一样的。那为什么一定要女子嫁到男方呢？

第一个理由是传宗接代。但仔细考虑一下，这个理由不成立。如果社会上普遍采取女娶男，而且小孩子作为女方的继承人，则实施效果和现在是一样的。历史上和现存的母系社会同样运行良好就说明了这一点。

第二个理由是在传统的农业社会，男方的劳动力价值较高，因此，男嫁女会给男方家庭造成很大的经济损失，而女方的劳动力价值相对比较低，女嫁男给女方家庭造成的经济损失相对较小。从经济学的视角看，这个理由同样不成立。彩礼与嫁妆的差额是男方家庭给予女方家庭因为嫁女所造成经济损失的补偿，即新娘的价格。男劳动力比女劳动力更有价值，男方的家庭可以通过把儿子嫁走换取更多彩礼的方式获取经济补偿。

张五常在《经济解释》中认为，"婚姻合约签订以后迫使孩子工作和防止他们可能逃跑的成本"决定了在古代社会普遍采取女嫁男的方式，即通过婚姻将女孩娶回家和保留顺从儿子的成本较低。主要原因有以下两点。

第一，父母防止自己孩子逃跑的成本比防止通过婚姻而获得的另外一个孩子逃跑的成本要低一些。因为通过多年严格的行为约束和以孝为核心的家庭伦理教育，自家

孩子的性格可能已经顺从了。(张五常:《经济解释》)

第二,驯服一个女孩子比驯服一个男孩子的成本要低一些。一方面是女孩的体力要较男孩为差,另一方面是在中国古代社会存在着以"裹脚"为代表的制度安排和以"三从四德"为代表的道德枷锁,以生产力少量下降的代价来换取女孩驯服成本大幅度降低,对男孩则缺乏有效的制度安排来降低驯服成本。

下面对裹脚的成本和收益作进一步分析。

为什么要对未成年女性进行"裹脚"?一些学者从文化的角度进行分析,如统治阶级的喜好对民间的影响,文人的畸形偏好对社会风尚的影响等。这些说法有一定的合理性。历史上文人骚客赞扬小脚的诗词如天上恒星,数不胜数,上述苏东坡的《菩萨蛮》一词,只是有代表性的一篇而已。

性学家则认为裹小脚和穿高跟鞋的效果是一样的,目的是让女性的曲线变得更加动人的同时,能增加男性在性交时的快感。甚至"一些政治敏感的人怀疑'三寸金莲'是残酷的男人禁锢女人的一部分阴谋,他们想因此使女人处于被束缚、无助的地位,必须依赖男人才能得以生存"。(斯蒂芬·贝利主编:《两性生活史》)

文人骚客有足够的时间和金钱去欣赏小脚之美,但对于大多数一般家庭而言,维持温饱才是目的。因此,无论是"美"还是"男性对女性的压迫"均不是裹脚背后的终极因素,"裹脚"应该是婚姻中的男方家庭对女性"裹脚"的成本和收益进行衡量后理性选择的结果。

"裹脚"的收益降低了女性的驯服成本,而成本则是因裹脚而放弃的生产价值。由于生理条件的限制,男性和女性在生产活动中的比较优势并不相同,女孩在纺织和家务劳动中具有比较优势,而男性在农业生产上具有比较优势。这就是《易·家人》卦里所谓的"男人正位乎外,女正位乎内"。就裹脚而言,它对纺织业及家务活动的生产力所造成的损害较小,但对户外的农业劳动损害较大。因此,成本决定了是女性而不是男性要承担"裹脚"的痛苦。由"裹脚"所造成的"身体的残疾可由姑娘降低了逃跑能力来补偿有余"。(张五常:《经济解释》)这就是裹脚背后的经济理性。

值得注意的是,裹脚的收益不仅能降低驯服女性的成本,也减少了女性的外出,增加了女性婚后出轨的成本,从而达到减少女性"红杏出墙"和减少男性养错小孩的概率的目的。这一点在中国古代教育女孩的常用文献《女儿经》上写得非常明白:"为甚事,裹了脚,不因好看如弓曲;恐她轻走出房门,千缠万裹来拘束。"这和高跟

先苦后甜

鞋对女性的作用相似。尽管现在对于高跟鞋的起源有多种说法，但很明显高跟鞋的起源以及最初的流行与男性限制女性外出的频率及外出的范围相联系。

对女孩进行"三从四德"教育及"裹脚"有利于夫方降低驯服成本，但"裹脚"和"三从四德"教育基本都在婚前完成，女方家庭要承担"裹脚"后到结婚这段时间的教育投资和女孩生产力下降所造成的损失。为什么女方家庭会自愿接受这种损失呢？

在电视中，我们经常可以看到女孩母亲在给女孩"裹脚"时说："女孩子不裹脚，将来嫁不出去，找不到好男人，会被人家瞧不起。"而事实是，由于裹脚和本分的女孩子驯服成本较低，男方父母愿意以更高的价格购买裹了脚的女孩。女孩脚缠得越细，价格即女方家庭能获取的彩礼就越高，教育投资及生产力下降所造成的损失也能在彩礼的提高中得到弥补。这就是女方父母自愿教育女孩"三从四德"和"裹脚"背后的经济理性。

　　这一点，我们可以和一些非洲国家中对女性的"割礼"相对应。和裹脚一样，割礼同样给女性带来了极大的痛苦。但因割礼后的妇女性快感下降，婚外出轨的收益也随之下降，也就更不需要丈夫的看管。"在婚姻市场上，这样的妇女就变得比其他妇女更有价值，会要更高的财礼或需要较少的嫁妆……因此，人们会察觉这种做法的收益，并最终会把这种做法一般化和恒常化，成为被理解为规范的一种习惯。"（波斯纳《性与理性》）父母对实行割礼的年轻女性的劝告同样是只有实行割礼的女性才能嫁得出去。

　　一些读者可能会认为裹小脚是从宋代才开始的，但中国历代一直实行的是女嫁男，降低婚姻内部交易成本的需求并不是从宋代才开始的。因此，将裹小脚作为降低女性驯服成本的理由并不成立。其实，经济学对这种质疑的解释是，我们可以将裹小脚作为一项"降低驯服女性成本"的技术创新，在裹脚这个现象出现之前，社会并不知道可以通过这项制度安排降低女性的驯服成本。当这项发源于宫中的技术传到民间时，一些家庭发现，裹了脚的女性不光吻合"美"（作者并不认为这是美的）的要求，而且还能降低女性的驯服成本，减少其对外界的接触。于是，这项"技术创新"就开始在全国范围内扩散。

　　因此，通过彩礼和嫁女等新娘市场的价格机制，男方家庭将承担裹脚的全部成本，也将得到裹脚的全部收益。也正是因为裹脚给男方家庭带来的收益大于其所付出的成本，使得裹脚在宋初出现后不久就在全国范围内得到普及。即使在清朝入关后的康熙三年，出台政策禁止女子缠足，仍无法改变这种习俗。因为在此时，裹脚的经济理性仍然存在。

　　为什么"裹脚"会在辛亥革命，尤其是在 1949 年后销声匿迹呢？有不少学者从文化和法律的角度说明这种现象。从经济学的角度看，裹脚合理性的丧失与中国现代工业的起步息息相关。因为在此时，妇女裹脚开始影响妇女从事工业生产的劳动生产率，在"裹脚"收益不变的情况下，成本增加，"裹脚"这种现象就会减少。（干学平、黄春兴：《现代经济学入门》）其实早在 19 世纪晚期，因为茶叶价格的上涨，采茶的收益，即妇女从事田野生产的收益增加，"天足"的采茶少女也随之增加。这导致一些文人开始担心"天足"给社会带来危害。（安德烈·比尔基埃等：《家庭史》）

　　因此，是成本收益的变化，而不是其他因素，导致裹脚现象理性的逐渐丧失，而政权更替时法律和思想的改变在其中起着顺水推舟的作用。

第 19 节
童养媳制度为什么一度盛行？

小妇年十二，辞家事翁姑……

姑令杂作苦，持刀入中厨……

析薪纤手破，执热十指枯……

姑曰幼不教，长大谁管拘？

今日肆詈辱，明日鞭挞具。

五日无完衣，十日无完肤。

吞声向暗壁，啾唧微叹吁……

岂无父母来？洗泪饰欢娱……

一言及姑恶，生命无须臾。

——郑板桥：《姑恶》

这首郑板桥的《姑恶》将中国历史上一个特殊妇女群体的悲惨命运描写得活灵活现。作为清代奇案之一的杨乃武和小白菜故事，因"小白菜"童养媳的身份，更增添了令人同情的色彩。本节将用经济学方法分析童养媳问题。

童养媳，又称小婚，是指从孩提时抚养的媳妇，即"女婴生下来后……在她只有几周或几个月大，或者一两岁大的时候将其送人或卖作别家儿子的未来妻子"。（费孝通：《江村经济》）这种做法在宋代已经普遍出现。到清朝末期，童养媳构成了当时婚姻的大约 20%。为什么童养媳会成为中国古代尤其是宋代以后，一个比较普遍的现象呢？

首先，我们来看童养媳的价格。由于抚养和教育女孩子的成本现在由男孩的父母承担，因此，男方父母购买童养媳新娘的价格比购买成年新娘的价格要低得多。但在不存在交易成本和风险的简单世界里，在任何时点上，正常娶妻和童养媳两种选择下新娘的价格折现值在扣除抚养成本后是相等的[①]。

---

① 如果这两者的折现值不一样，就存在寻租和套利的空间。现假设扣除抚养成本后，童养媳的价格折现值高于正常娶妻，则没有家庭愿意抚养童养媳，即对童养媳的需求下降，这迫使女方家长降低女孩的价格，反之亦反之。这种思维工具在现代经济学，尤其在金融学中有广泛的应用。

既然童养媳和正常娶妻的价格相同，为什么在古代社会童养媳还会出现？原因在于交易成本和风险的存在。下面具体分析之。

为什么女孩子的家长以童养媳的形式"嫁女"呢？

第一，尽管从小将女孩送走和等到女孩长大后将其嫁走给父母带来的收益相同，但该命题存在的前提条件是女方父母具有抚养小孩的能力或可以在金融市场上筹集抚养女孩的资金。在中国古代社会，由于金融市场的不发达，且存在着很强的信贷约束，人们尤其是穷人并不总能从金融市场上获取足够的育女资金。因此，将女孩送给别人做童养媳也就成为不少穷人父母不得不为之的选择。[①]

第二，宋代以来，买卖婚盛行。司马光对此有着生动的描述："将娶妇，先向资装之厚薄；将嫁女，先问聘财之多少。"以嫁妆多少作为选择媳妇的标准就给有女户造成很大的经济压力，即使是高官厚爵之人也不例外。如皇弟杨王赵颢都因"有女数人，婚嫁及期，私用不足"，不得已向神宗预借棒钱嫁女；王安石也曾以"二妹当嫁，家贫口众"为理由，数次请求辞去在朝之官而外任，以"奉养昏嫁"。连社会高层嫁女都成沉重负担，对于贫穷家庭而言，出现"妆奁致贫"、"嫁女破家"也就不值得惊讶了。早在后汉，陈蕃就有"盗不过五女之门"之说，在宋代以后更加明显。这就导致将女儿养大后出嫁的收益下降。基于此，一些历史学者就将童婚现象的产生归因于宋代婚先论财的风尚。如常建华在《婚姻内外的古代女性》一书中这样写道："由于婚姻论财，筹措嫁妆就成为人们的一大负担，不堪重负的人家便婚嫁失时，并导致早婚、童婚的出现，以节约婚费。"

因此，融资约束和嫁女的高成本导致将女儿养大成人收益的下降，造成宋代以来童养媳制度的盛行。

为什么男方家庭会以童养媳的形式"娶妻"呢？

第一，童养媳从小在新郎家中长大，更容易保证其顺从和忠诚，迫使她劳动和防止她逃跑的成本较低。据费孝通在《江村经济》中的观察，有许多从幼年起就被未来的婆婆带领大的女孩子，十分依附于她的婆婆，就像一个女儿对母亲一样。特别是，如果这家真的没有女儿，情况更是如此。甚至那些受到未来婆婆虐待的女孩子，也逐渐习惯于自己的地位，在婚后不至于经受不起。因此，童养媳因从小在婆家生长，能

---

① 爱孩子是父母的天性，可以带来一定的效用，这会促使女方父母将女儿留在身边直到结婚为止。

娃娃亲

增加与婆家成员间的默契程度，从而减少结婚后家庭内的组织交易成本。

第二，结婚费用小婚要远小于大婚。在大婚的情况下，请媒婆，了解对方情况和执行婚约等都需要支付一定的费用，而在小婚的情况下，请媒婆只是仪式，需支付的报酬要小于大婚。而在彩礼方面，一般男家在领养童养媳时，也需要支付一定的彩礼。彩礼的数量与领养时女孩的年龄有关，但一般而言要比普通婚姻低。如费孝通在《江村经济》中提及，在当时，大婚需要大约500元，为一个农村家庭一年的收入，但在小婚的情况下，婚礼所需要的费用可以节约到100元。

第三，童养媳的经济价值。这主要体现在以下两点：

（1）稍大一点的童养媳可以承担一定的家务。比较极端的情况是童养媳中的"女大男小"婚。男方父母为获得劳动力照顾年幼儿子并帮忙做家务，往往在儿子幼小时给其娶大得多的童养媳。电视连续剧《走西口》中的9岁的田丹丹嫁于不满周岁的梁满囤就属于这种情况。

（2）由于缺乏借钱的担保品，在家庭发生经济问题急需借钱时，童养媳常被作为担保品，乃至被直接出卖。

但童养媳制度也会给男方家庭带来一定的风险和损失。

第一，婴儿的死亡率很高；新娘的智商和其他生产潜力在孩提时期不容易看出。

第二，由于婚姻是合两姓之好，但在小婚的情况下，女方家庭和男方家庭之间的联系要小于大婚，这就减少了婚姻在互保和社会关系上的扩展功能。如在大婚的情况下，新婚夫妻可以得到双方亲戚不少的财礼，这些财礼使新婚夫妻有一笔钱可以用于比较迫切的消费，而把归还期分散到一生。这笔钱对于存在信贷约束的农业社会是非常重要的。但在小婚的情况下，会损失女方亲戚的财礼，这会对新婚夫妻组建独立家庭产生不良的影响。

第三，由于童养婚不具六礼，故"辄为人所蔑视"，这会对婚姻的当事人及其家庭的社会声誉造成一定的不利影响。

小婚是男方家庭和女方家庭权衡利弊下的理性选择。与穷人相比，富人比较有能力承担养育孩子或大婚的费用，对新娘各种身体条件和家族背景也比较重视，因此小婚的交易双方大多是穷苦百姓。在经济萧条时，童养媳比例的增加说明的正是这一点。

"石榴花，花儿黄，十八岁大姐九岁郎。白日背郎下地去，夜晚为郎脱衣裳，想想真心伤。"鉴于不少童养媳的悲惨命运，从古到今，责骂童养媳制度的学者不在少数。但我们也无可否认，在古代特定的历史条件下，童养媳制度对社会的价值也不容置疑。

第一，让众多的贫困家庭，包括男方，也包括女方，解决了婚姻问题。从历史上看，无婚姻的流氓无产者往往是社会动乱之源。从这个角度讲，童养媳制度让大量无法娶妻的穷苦百姓娶到妻子，促进了社会和谐建设。

第二，避免无数女孩进入更悲惨的境地。该制度让一些发生家庭变故的女子有了托身之所，避免进入娼门等更悲惨的事情发生。更值得一提的是，该制度为那些无力抚养或不愿抚养的女婴找到了可能的生路，有效地减少了社会上的溺婴行为。这一点古人早就有了认识，如一些方志记载："近来无力婚嫁者，或血盆抱养，或数岁过门，礼物颇为简易，溺女之风逐息"，"虽于婚礼稍失，是亦救时之策也"。[余新忠：《中国家庭史（第四卷）——明清时期》]溺女婴现象减少的一个良好的结果是减少性别失衡可能对社会造成的伤害。

第 20 节
古代为什么结婚早？
——从十八里相送谈起

"（祝唱）青青荷叶清水塘，鸳鸯成对又成双。（祝白）梁兄呀！（祝唱）英台若是女红妆，梁兄你愿不愿配鸳鸯？（梁唱）配鸳鸯，配鸳鸯，可惜你，英台不是女红妆"！

——越剧《梁山伯和祝英台》

在越剧《梁山伯和祝英台》中一个非常重要的场景"十八里相送"中，祝英台一次次将她是女儿身的事实表白得如此清楚，梁山伯就是不知道祝英台是女的。这是否违背我们的常识呢？在现代社会，一个着男装的女孩子，恐怕在向男生表白以前就已经被大家发现了。从古代异性间的接触较少可以部分解释这个现象，但其中最关键的原因还在于古代社会实行早婚，即在男女性刚成熟就进行婚嫁。现在设想一下年方二八的妙龄女子和刚换下开裆裤的男性结婚会是一个什么样子。当然，女性由于成熟得比较早，情窦初开，还知道点事情，男性恐怕还不知道儿女私情，未必充分留意异性。这就是"妾有情"的祝英台将话说得那么清楚，而还处于朦胧之中的梁山伯就是没有反应背后可能的真正原因。

尽管《周礼·地官·媒氏》这样写道："令男三十而娶，女二十而嫁。"但在实际的执行中，"男子一般在十五至二十之间，以十六岁为主，女子一般在十三至十七岁之间，以十四岁为多"。（常建华：《婚姻内外的古代女性》）郭松义在《伦理与生活——清代的婚姻关系》中根据清代的抽样统计，发现男女在 9 岁以前订婚者分别占 41.27％和 40.53％，而 14 岁以前订婚者，则分别增加到 68.25％和 67.56％。"早婚"这种现象在世界其他地方同样存在。如在古代美索不达米亚，"未来夫妻还在童年时期，婚姻就有双方家庭安排好了"。（安德烈·比尔基埃等：《家庭史》）

如此低的结婚年龄，对于现代人而言是不可想象的。在现代社会，十四岁的女孩，小学刚毕业，父母正准备要开始预防其早恋，在古代这个年龄就已经出嫁了。为什么在古代社会男女要如此早就结婚呢？本文试图从经济学的角度作一分析。

今非昔比

1. 在中国古代的科技医疗等条件下，"人生七十古来稀"，即使在和平时期，一般人的期望寿命也就是四十多岁，如果不实行早婚，就会对家庭的繁衍产生消极的影响。白居易就曾作诗："嫁娶即不早，生育常迟苦，儿女未成人，父母已衰羸"。如果一个人25岁结婚，40岁死亡，那么他（她）的第一个孩子才15岁，最小的孩子有可能还在褥褓之中。在依靠体力的农业社会，第一个孩子通过自己劳动还有可能生存下去，但要养育一堆年幼的弟弟妹妹就不可能了。如果男女是在15岁结婚，那么，在其40岁左右离开人世的时候，年长的兄弟就能承担起抚养幼小弟弟妹妹的重任。在中国，"长兄如父，长嫂如母"是一句经常听到的话，其包含的意义也就在此。

2. "食色，性也。"韦斯特马克认为"婚前贞洁与否，在很大程度上取决于缔结婚姻时的年龄"。在其名著《人类婚姻史》中，他列举了大量例子说明，为保证结婚时是处女，在许多民族，在男女性刚开始青春期就结婚。波斯纳也认为："中世纪的罗马天主教会为了减少自慰、未婚私通以及同性恋的发生，就鼓励人们早早结婚"，而

85

现代社会男女性婚前同居的增加也和结婚年龄增加密切相关。（《性与理性》）作为一个强调女贞的社会，中国古代实行早婚的另一个重要原因也应该在于保证婚前女性的贞洁。李银河就认为："从生理方面讲，既主张晚婚又严禁婚前性接触是不人道的，也是缺乏操作性的"。每年寒暑假，各大医院出现的大中学少女流产潮也在一定程度上说明结婚年龄推迟对青少年婚前性生活的影响。根据潘绥铭和杨蕊 2001 年在《性爱十年：中国大学生性行为的跟踪调查》中的调查，超过 20％的大学生有过婚前性生活，而其中 7.6％发生在上大学前。

3."女孩在学校中受教育的时间越长，她们早婚的可能性就越小。这是因为婚姻对时间的需求会和她们的学业成绩发生冲突。"（大卫·切尔：《家庭生活的社会学》）在古代农业社会，女性主要从事家庭内的女红，这类生产活动不需要大量的人力资本投资，教育也以母亲的家庭教育为主，需要的教育期限较短，婚姻不会对女性的人力资本投资造成伤害。这就使教育对婚姻年龄的挤压作用微乎其微，对于从事农业生产活动的男性劳动力同样如此。但对于参加科举考试的男性而言，教育就会对结婚年龄产生挤压作用。因此，参加科举考试的男性结婚年龄要较一般的男性初婚年龄要大。（张国刚：《中国古代家庭史》）

4. 在古代中国农业社会，不到十岁的小孩子就能帮家里干活，十几岁的男孩已经成为家里的壮劳力。因此，家庭中人口众多不仅同家庭财富联系在一起，而且能够扩大家庭在农业社会中的势力，提高家庭的社会地位。"男子十六精通，女子十四而化，是则可以生民矣。"为自己刚具备生殖能力的孩子娶妻生子是父母实现家庭跨期收入和财富最大化的理性选择。

具体而言，在进入现代社会以前的人类婚姻多为以生育为主要目的的非伴侣婚姻。对于女性而言，生育力也是其最重要的资产。刚进入青春期的女性因生育时间较长，男方父母愿意出的价格也较高。对女方父母而言，此时将女孩出嫁，能获取的聘礼数目最大。"年轻姑娘在很短的时间跨度里结婚，因为她们被看成盛开的花朵或熟了的果子，应该在十分短暂的最好的季节采摘。"（伊沛霞：《内闱：宋代妇女的婚姻和生活》）因此嫁娶刚进入青春期的女性吻合男女双方父母的经济理性。

与此同时，刚进入青春期的男女性并没有形成自己完整的婚恋思想，反抗父母安排婚姻的能力也较弱，有利于父母以最有利于家庭的形式安排子女的婚姻，以免子女对感情和异性容貌的强调伤害家庭利益。与此同时，年轻的女性在嫁入丈夫家庭时，生活习惯等也没有完全定型，公婆可以替代其父母进行家庭教育，降低其进入新家庭时的交易成本。

5. 在古代社会，对国家而言，人口同样是最重要的资产，即人口对国家具有正的外部性。因此，中国历朝历代大多鼓励人口生产，甚至用税收惩罚晚婚。如在汉惠帝时，政府为促进人口增殖以扩大赋税、力役来源，令民"女子年十五以上至三十不嫁，五算"。"五算"是一般百姓无法承担的负担，迫使百姓不得不尽量早婚。而国家在不少时候为推动人口增长，甚至规定男性和女性超过一定年龄还没有结婚，将由政府强行婚配。如晋武帝就下诏令："女年十七父母不嫁者，长吏配之。"因此，中国古代的早婚也与政府政策的推动密切相关。

早婚会对生理还没有完全成熟的女性身体造成一定的伤害，也会对生养小孩的质量造成一定的负面影响。早在汉代就已经有人认识到这个问题。如王吉就上书汉宣帝称世俗婚嫁太早，"未知为人父母之道而有子，是以教化不明而民多夭"。但因早婚的成本与其收益相比完全不对称，使早婚成为前现代各个社会的共同选择。

在现代社会，婚恋从非伴侣婚转变为伴侣婚。父母之命被自由恋爱所替代，自己选择未来的伴侣需要一定的阅历、判断能力和经济实力，这使得男女性的结婚年龄退后。又因学校教育能有效提升女性未来的生产力，提高新娘的价格，从而造成学校教育对婚姻年龄的挤压。这些因素均使现代社会婚恋年龄提高，早婚制也就退出了历史的舞台。

第21节
家庭的成因
——基于交易成本的视角

为确定要进行市场中的交易，个人就必须去发现其欲交易的对象，告知对方交易的意愿与条件，进行达成协议的谈判、草拟合约、进行确定对方遵守合约条款所必需的检查等等，这些工作经常要付出极大的成本的。

——科斯：《社会成本理论》

贝克尔认为男女搭配的婚姻有利于家庭收入的最大化。但我们也可以看到婚姻的收益，至少是部分收益，可以用其他组织替代实现。且婚姻也并不必然要求在男女之间进行。在许多时候，两个男性或两个女性同样可以实现分工优势和规模经济。那么，为什么世界上绝大多数的人要以男女搭配的形式组建家庭呢？

大家所能想到的第一个原因是"性"。《礼记·礼运》称："饮食男女，人之大欲存焉。"每一个正常的男女都有性欲，而性欲的满足则需要男女双方的合作。但正如费孝通在《生育制度》中指出的那样，"人类性欲的满足即使没有配偶、婚姻和家庭，同样是可以得到的"。"性合作"并不必然在家庭中进行，也不必然以家庭的形式出现。性爱活动可以在家中，也可以在旅馆中进行。性爱的同伴并不必然是固定的伴侣，可以是妓女（或鸭子），当然还有现在很流行的网友。即使是比较固定的同伴也并不必然存在着婚姻关系，如同居关系①、"二奶"。同时，也并不是所有家庭的男女都有性爱活动，如男方或女方有"隐疾"或老年夫妻等都与性无关，现在一些地方也已经出现了无性婚姻介绍所。因此，男女之间可以有性无家，也可以有家无性，性爱既不是形成家庭的充分条件，也不是必要条件。

第二个原因是小孩。"孩子是家成其为家的根据。没有孩子，家至多是一场有点儿

---

① 早在1980年，瑞典就有15%的住户由同居伴侣所构成，法国有6%，美国有2%。（安德鲁·切尔林：《破镜重"缘"——美国社会婚姻现象分析》）

过分认真的爱情游戏。有了孩子，家才有了自身的实质和事业。"（周国平：《爱的五重奏》）毫无疑问。小孩是家庭存在的一个重要条件，因为小孩作为专用性资产，他（她）的存在增加了父母结婚（减少了离婚）的动因。因为抚养孩子，尤其是在其早年，需要花费双亲（在传统社会是母亲一方）大量时间和金钱，单靠个人很难将小孩子养育成人，而且一位忙于抚养孩子的妇女就不会有时间在市场上工作以赚取她补充投入（如食物和衣服等）所需要的钱。所以，妇女在家中工作以换取丈夫在市场上工作。从"自私的基因"的角度，男的也不希望自己的小孩子被别的男人所抚养。因此，他"购买"她对他们共同孩子的照顾。我们在现实生活中也常见女方借怀孕强迫男的结婚，即"奉子成婚"的现象。如1985年法国的国家调查表明：有超过一半的同居者认为对孩子好是他们结婚的决定性理由。基于此，为数不少的经济学家认为孩子是婚姻家庭的基础，因为性和家政服务等都可以通过市场购买到，只有（自己的）孩子无法从市场上购买。如费孝通这样写道："婚姻是人为的仪式，用以结合男女为夫妻，在社会公认之下，约定以永久共处的方式共同担负抚养子女的责任。"（《生育制度》）而"在许多的民族中，男女之间的真正婚姻生活，并不从正式宣布结婚或订婚的时候开始的，只有当孩子出生或者已明显怀孕时，婚姻关系才算最终确立"。（韦斯特马克：《人类婚姻史》）

但也有经济学家认为孩子与家庭之间没必然的联系。科技的发展已经使试管婴儿的技术成熟，并已有以此种体外受精方式受孕的孩子出生；借腹生子自古便有，也非今日所独有的现象；在城市双职工家庭已经出现丁克一族；现在城市里面单亲家庭也大量出现，这些家庭或者由于未婚生子，或由于生了孩子后夫妻离异而造成既成事实。这些有偶无子和有子无偶的实际情形，显示家庭与孩子并不具有必然的联系。

其实，上面看似相互冲突的观点都可以整合到组织的交易成本经济学的统一分析框架之中。分析的基本逻辑是：我们可以通过市场（组织）进行交易和组建家庭进行内部交易这两种不同的形式完成家务劳动、性爱和小孩①等活动，组建家庭与否则涉及家庭组织和市场交易之间交易成本的比较。

在本文引言中，科斯指出了交易中的五种成本：对交易对象了解的成本、交易接触的成本、谈判的成本、合约的成本和检查的成本。

正是交易成本的存在，使得企业等组织有存在的必要。但组织内部交易同样存在

---

① 单身男性可以去孤儿院领养小孩，而单身女性甚至于可以通过性爱或现代医疗技术受孕而独享孩子。

着自身的问题，因为组织内部交易会发生管理（交易）成本问题。因此，通过市场组织购买产品还是通过企业（组织）购买要素自己生产产品取决于组织内交易和市场交易之间成本的比较。

交易成本涉及专用资产、交易频率、风险与不确定性等众多维度。就家庭组织而言：

（1）当合作收益的空间存在于许多琐碎小事的活动上时，采取向市场购买、雇用的交易成本就与活动项目数成正比。波斯纳这样描述婚姻对交易成本的节约："婚姻参与者可能通过互惠服务来支付对方的服务，因此，他们不需要为每次服务的定价、记账以及其他操心。"（《性与理性》）

（2）交易成本也和市场交易的风险相联系。例如你不知道你在市场上雇佣的管家会不会将你的家产卷走，你在市场上购买的性会不会让你染上性病……

（3）订立婚姻这个长期契约的另一个重要的动机在于对特定资产进行有意义的投资，该资产的特点在于一旦双方的投资计划提前终止，资产价值就会大幅度缩水。交易成本经济学认为，该资产的存在会增加市场交易的成本。如你喜欢吃一种叫蜜汁红烧肉的菜，但为吃到它，你需要对你所雇佣的厨师进行专门的培训。但接下来出现的问题是，当厨师做的红烧肉越来越合你口味的时候，她提出了加薪的要求，你答不答应？当然，在你掏钱给她培训厨艺的时候就会考虑到这种可能性。因此，你可能不会去掏这笔培训费，但你同样也吃不到你喜欢的蜜汁红烧肉。

因此，从交易成本的视角看：

（1）家庭是一个与企业一样的生产单位，夫妻双方通过"结婚证"这一把他们长期结合在一起的契约，代替了反复协商和不间断地监督每日里家庭生活所必需的、数不清的契约，避免了不断（多次）签订契约的高昂的交易费用，在家庭内部组织生产，比商业性的多次"签约"更为便宜。因此，尽管家庭生产中的很多产品和服务，如保险、家政服务和性等，在市场上同样可以买到，但通过家庭生产的方式得到，成本更低，风险也更小。如因现实市场中性交易的成本太高，双方对所生孩子抚养上的贡献很难计算，也很难监督，所以交易成本很高。因此，结成夫妻成立家庭使得性交易的搜寻成本和讨价还价等成本降低。

（2）孩子并不是决定交易成本的唯一因素，当其他因素所决定的交易成本较高时，即使孩子不存在，也会存在家庭。但作为专用性资产最重要的构成部分，小孩对

孩子的作用

　　家庭存在具有的价值也不容低估，如波斯纳就这样认为："虽然许多婚姻是没有孩子的，只有很少一些婚姻自我选择不要孩子；但我们还是很难相信，如果大多数人不要孩子的话，婚姻还会是一种普遍的制度吗？"（波斯纳：《法律的经济分析》）

　　我们总结上面的分析可以得出结论：交易的频率越大，交易的风险越大，交易涉及的专用性资产越多，组建家庭的收益就越大。但夫妻之间的沟通也需要交易成本。因此，当一对男女试探组建家庭时，如果双方判断组成家庭的交易成本够小，两人才会同时选择组建家庭；否则，两人只能相互继续试探，或更换伴侣，或决定成为单身贵族。因此，家庭的组建与否不仅仅在于性爱和孩子的单纯消费考虑，还在于降低诸多需要合作以获取收益的交易成本。

　　婚姻制度的存在说明了市场价格机制的成本要比婚姻的组织成本高，否则就不会有婚姻制度的存在。爱情作为降低家庭内交易成本的一个重要方法，在家庭组建中起着重要的作用。离婚率和独身率的越来越高则说明市场的技术进步速度要快于家庭，市场交易的成本相对于家庭组织成本得到有效的降低。

第 22 节
家庭内分工

男女有别，因为他们各自具有的能力不适合于同一种工作，而适合相反类型的工作，尽管相反种类的工作趋于同一目的。自然造化出一种性别比较强健，另一种性别较为屏弱。后者由于柔弱的本性而比较适合于看管工作，前者由于刚猛的本性而适合于保卫的工作；一方从户外获取生活资料，一方在家照顾家务。

——亚里士多德

（一）

《易·家人》卦里说："男人正位乎外，女正位乎内。"孟子也这样写道："诸侯耕助，以供集盛，夫人蚕缥，以为衣服。"在中国传统文化中，妇女有供酒食、侍巾栉和执箕帚的义务。繁体字的妇写作"婦"，从女从帚，字的本身就表明妇女的工作。黄梅戏《天仙配》就这样唱道："你耕田来我织布，我挑水来你浇园。"因此，"男耕女织"一直是中国家庭的传统分工形式，这种情形在世界范围内普遍存在。如康有为在《大同书》中这样写道："虽欧美之俗，室内亦皆由妇女治之，盖亦'在中馈'，'惟酒食是议'者也。若夫日本、印度、波斯、南洋，其妇女莫不以司庖烹饪为事。"

随着女权主义的兴起和女性走去家门走向社会，女性的社会地位得到极大的提升。男女性间的分工格局有松动之势，前段时间被大家热捧的电视剧《婚姻保卫战》反映的就是这一点。尽管如此，从现实看，夫妻双方的分工格局并没有得到根本的改变，"男主外，女主内"仍是夫妻间流行的分工形式。甚至在经过新中国成立后 30 年计划经济时代男女同工同酬教育和实践后，在市场经济的大潮下，仍出现女性向家庭回流的趋势。可见男女性分工有其合理性在里面。

本部分将从男女有别入手，结合国际贸易理论，分析家庭内分工的经济学。

（二）

男女性间的婚姻其实是一种自身作价的物物交易。两性将包括身体在内的所拥有

分　工

的全部资源交换对方的资源，以获得交易的好处。经济学认为自愿的交易有利于提升交易双方的福利水平，以婚姻的形式实现两性间交易以提升各自的福利水平也正是婚姻存在的经济根源之一。

男女之间为什么能够通过婚姻这个平台进行交易？两性在其提供的产品的（相对）价格或品质等方面存在差异是双方进行交易的基础。那么造成两性提供的产品存在差异的原因是什么呢？

可能原因之一是亚当·斯密提出的绝对优势理论。该理论认为两个交易者能够从交易中获利是因为两人均有生产率高于对方的产品，每个人通过将自己生产率较高的产品交换对方生产率较高的产品，就能实现交易的利益。

按照绝对优势理论，"男主外，女主内"的分工格局形成的原因在于男性从事社会性生产具有绝对优势，而女性从事家庭内生产具有绝对优势。这一点其实在两性的生理特点上可以得到一定的答案。相对于女性，男性在体力上具有优势，而在狩猎、种田等市场活动中，体力是生产率的基础。相对于男性，女性延续基因相对困难，在

天演的作用下，形成女性在照顾小孩上的绝对优势①（这可以从"母性"是我们日常常用语而"父性"一词非常少用中看出）。"所以，两性劳动分工，而且从此产生的家庭两性分工，其根源可能是低龄儿童对母亲的长期依赖。"（安德烈·比尔基埃等：《家庭史》）因此以男性的种田等市场活动换取女性在家照顾小孩，有利于提升家庭的福利水平。

可能的原因之二是大卫·李嘉图的比较优势理论。该理论认为"天生我才必有用"，即使一个万事不如人的人，也具有自己的比较优势，也能通过交易获益。该理论分析逻辑的核心就是"机会成本"。即使一个人在所从事所有的事情上均具有绝对优势，但在领先于对方的程度上存在差别，一个人一般会从事其领先于别人程度最大的事情。比较优势理论可以用来说明国际生产专业化，也可以用来解释为什么商品并非皆由最好的生产者生产。例如，速度最快的打字员不是打字小姐而是律师，最好的结账员不是学会计的而是熟练的程序设计师。

就家庭内的分工而言，一个男性可能在从事家务劳作，如做饭和出门打拼等方面均强于女性，但在出门打拼方面优势更多。此时有效率的分工结构是男性将时间主要配置给其具有比较优势的市场活动，女性则将时间主要配置给其具有比较优势的家务劳动，两性间通过分工和交易能实现双方福利的提升。

正是两性在家庭和市场活动中普遍存在相对优势（也包括绝对优势）的差别，造成了两性间"男主外，女主内"分工格局的普遍性。

"在生产和照料孩子方面，男女之间存在着生物学意义上的差别，而生理上的差别强化了在市场和家庭技艺上的专业化投资。"（贝克尔：《家庭论》）随着男性和女性分工结构的形成，两性间对人力资本的投资方向也会形成差别。女性会在提高家庭效率，尤其是生儿育女等方面进行人力资本投资；男性则会在提高市场效率方面进行人力资本投资。干中学和人力资本投资的偏向性增加了男性从事市场活动的比较优势，也增加了女性从事家务劳动的比较优势，最终锁定了两性间的分工格局。

值得强调的是，提升未来生产率以使得其在未来婚姻市场上更具吸引力的人力资本投资在男女性很小时就进行，而这种人力资本投资往往与未来男女性在家庭内专业

① 贝克尔在《家庭论》中这样写道："在生物学意义上，妇女不仅有生产和喂养孩子的重要义务，而且也有用其他更精巧之法照顾孩子的责任。何况她们也愿意花费更多的时间和精力来照顾孩子，因为她们认为，对生儿育女进行大量的生物学投资是值得的"。

化分工格局相一致，"女孩从小就被灌输女德女行，男孩则被训练如何做一个大丈夫"。（波伏娃：《第二性》）如在中国古代，对女孩进行"女红"方面的训练，对男性则进行读书识字等方面的训练。这种人力资本投资的差异进一步加大了男性从事市场活动和女性从事家庭活动的收益。即使在一些特定的家庭中，男性和女性在人力资本的初始禀赋上是"女主外，男主内"，其分工结构也可能会因从小的教育而发生改变。

（三）

尽管分工和交易会使社会总福利水平上升，但分工的利得在交易双方间的分配则取决于双方的谈判能力。这一点在家庭内夫妻间的分工和交易中同样成立。那么，社会对这种福利的分配有着什么样的规定？这种规定对分工格局有着什么样的影响？

女性从事的是家庭内的生产，其人力资本投资也主要集中在家庭生产方面，这会对其市场生产的效率造成不利影响；男性从事的是市场生产，其人力资本投资也集中于该方面。这种分工格局形成了男女性之间不对等的依赖，即男性对女性的依赖大于男性对女性的依赖。为防止男性的始乱终弃行为伤害专业化于生儿育女和其他家务劳动的妇女利益，她们就需要与丈夫签订长期"契约"，以免被遗弃或受到其他苦难。几乎所有社会都对已婚妇女进行长期保护，保护的形式就是婚约。也正是因为有婚约的保护，女性愿意接受"男主外、女主内"的分工格局，以达到家庭产出的最大化。如果没有婚姻作为保护，无论是男性还是女性均无法享受两性分工的收益。因此，从长远的角度来看，婚姻合约在保护女性的同时，也增加了男性的收益。

但婚姻合约对女性的保护是不充分的，在离婚自由化的今天更是如此。这种保护的不充分会对家庭内分工产生什么样的影响呢？

如果婚姻关系破裂，男性人力资本投资的价值，如其拓展的人际关系网络，并没有受到伤害，而女性人力资本投资的价值则受到伤害。这是因为"在婚姻关系中，在家操持家务的一方具备提供家庭服务的技能，但这种技能一旦离开婚姻这个载体，将失去价值。而由于长期在家，他们挣钱的能力将极大地下降"。（安东尼·W.丹尼斯和罗伯特·罗森：《结婚和离婚的法经济学分析》）即使按照现有的离婚后家庭财产平分的政策，对女性也是不公平的，因为其能分到的仅仅是家庭的有形财产，并无法分享到家庭的无形财产，即男性的人力资本，或者说男性的赚钱能力。问题的关键在于男性的赚钱能力的提升是以女性市场生产效率下降为代价取得的。因此，一些国家的

离婚法律制度规定，除了财产平分外，男性还要赡养女性，直到女性重新结婚为止。其中的逻辑就是男性补偿女性因离婚所造成的人力资本损失，直到其人力资本因再婚得到（部分）恢复为止。（波斯纳：《法律的经济分析》）而在中国，也存在彩礼等形式对女性的付出进行提前支付。

此外，女性在进行家庭内的人力资本投资时，为获取专业化分工的好处，其人力资本投资还会针对其丈夫和小孩的需求作针对性的调整。如果她丈夫对蜜汁红烧肉有特别的偏好，那么她在蜜汁红烧肉上投入的人力资本就会超过制作其他菜的人力资本投资，其对蜜汁红烧肉的人力资本投资构成资产专用性投资。因其婚姻解体后，该投资会部分丧失价值，这就构成女性对男性的不对等依赖，男性可以利用这种不对等依赖对女性进行"敲竹杠"行为，减少女性在离婚市场上的讨价还价能力。女性为了防止男性的敲竹杠行为，事先就会减少对资产专用性投资。

总之，因多数国家的法律并没有规定女性可以在离婚后继续分享男性的人力资本投资，加上女性会因为离婚而丧失其针对其丈夫的资产专用性投资，所以在离婚很容易的社会中，为防止可能离婚所带来的经济灾难，女性会增加其市场生产的人力资本投资并减少对家庭的人力资本投资，尤其是减少她针对丈夫的资产专用性投资。这就减少家庭内分工的程度，进而减少婚姻的收益，并进一步提高离婚率。因此，离婚率和女性对家庭内人力资本投资间存在明显的负向的促进关系。

最后，我们以贝克尔在《家庭论》中的论述总结男女性在家庭内的分工："家庭之所以会延绵长存，其原因在于，家庭生产以明确、细致的分工协作为基础，最初的分工发生在已婚男女之间，妇女主要致力于生儿育女、操劳家务等非市场活动，而男性则专心于狩猎、种田等市场活动。成员间的这种分工部分地取决于生理上的差异，但主要取决于经验和人力资本投资上的不同。这种差异的存在构成家庭生产的物质基础。男女彼此结合，扬长避短，能使家庭产出最大化。因此，一个完全家庭的生产效率要比不完全家庭的效率高。"

第 23 节

丈夫是否应该向妻子支付工资？

当妻子的均衡收入占婚姻产出的份额较大的时候（妻子也许不会轻而易举地占有一个较大份额），她的实际收入和均衡收入之间的差额可能就比较大。因此，妻子的均衡收入份额较大时，新娘聘礼的次数和绝对量就应该较大……因此，甚至当实际的婚姻产出分配与均衡分配相去甚远的时候，新娘聘金和嫁妆也会把婚姻收入提高或降低到由均衡分配所决定的收入水平。

——贝克尔：《家庭论》

（一）

2010 年，全国政协委员张晓梅提出的"实行家务劳动工资化，切实保障女性权益"的提案引起舆论的大讨论，被网友称为 2010 年最雷人的提案之一。对于提出这个议案的初衷，张晓梅委员这样写道："我希望通过这种方式，承认和体现女性，特别是那些全职太太在家庭中付出的劳动。"在 2011 年"两会"，张晓梅委员又一次提交了"建议家务劳动工资化"的提案，并再一次引发热议。张委员的提案有其自身的逻辑在里面，片面地从其提案中摘抄片言只语反对其提案或做出"婚内做爱也需要支付工资"之类的延伸并不是一种科学的做法。

本文试图应用经济逻辑分析张晓梅委员的提案，结论和张委员的刚好相反。主要结论有以下两点：（1）丈夫不应该向妻子的家务劳动支付工资；（2）即使丈夫向妻子的家务劳动支付工资，也不会改变男女间分享家庭产出的比例。

（二）

家庭是家庭成员尤其是夫妻间分工合作取得和分享合作收益的一个经济组织。因为生理条件差别所造成的比较优势的差别，"男主外，女主内"成为人类家庭普遍的分工形式。即使在现代社会，女性参与市场活动的比例越来越高，但仍无法从根本上

改变"男主外，女主内"的格局，无论是中国数据还是美国数据均表明，在现阶段，女性仍承担家务劳动的大部分。

"男主外，女主内"这种分工格局尽管能使男女取得合作的收益，即男女组建家庭后的总收入要高于单身男女的总收入之和，但这种总收益的增加是以男性的收入增加幅度大于女性收入减少幅度的形式实现的。这就意味着已婚男性的收入要高于相同条件的未婚单身男性，但单身女性的收入要高于相同条件的已婚女性。这就意味着女性以牺牲自己的市场机会和市场人力资本投资来换取整个家庭收入的上升。

如果单纯看上面的分析，我们马上就可以得出男性应该向女性支付相关报酬的结论，而且，支付的金额应该大于女性因从事家务劳动损失的金额，以实现男女间共同分享分工和合作收益的目的。

但问题的关键在于，婚姻作为一种契约，对于如何分配家庭的产出有着规定，如夫妻双方共享和共同支配婚姻存续期间的财富，离婚时男女平分财产等。因此，无论在法律还是现实中，女性已经分享到了家庭产出的一半，即男性已经通过其他形式向女性支付了家务劳动的工资，再向女性支付家务劳动的工资可能是多此一举。

经济学家应用美国数据实证发现："夫妻在家务劳动的时间分配上有明显的差异。但是，这种差异会被花费在其他义务上的时间平衡，尤其是花费在付薪工作上的时间。"这就意味着，在现代社会，男女在家务劳动和市场劳动中总的工作时间大体相同，工作时间相似，分享的产出相似，无论是男性还是女性，对于家庭收入的分配普遍认为是公平合理的。（安东尼·W.丹尼斯和罗伯特·罗森：《结婚和离婚的法经济学分析》）因此，男性不需要为女性的家务劳动支付额外的报酬。

（三）

其实，家庭收入在男女间的分配取决于男女性在婚姻市场上博弈的结果。其分配方式是多维的，分配的过程不光涉及婚姻存续期间，也还涉及婚前的彩礼和婚姻可能解体后的财产分配。

一般而言，在婚前择偶的过程中，男性向下看，女性向上看，即男性喜欢找收入和年龄等比自己低的女性，女性则相反。女性在婚前从事市场工作的收入低于男性，从而使女性在从事家务劳动上具有比较优势，以实现家庭收入相对于单身男女收入之和的增量最大化，保证男女性的婚姻收益，尤其是保证女性从事家务劳动的收益。

老婆，买单！

按照现行的法律和惯例，男女性能相对平均地分享婚姻收益，即使在离婚时，现有的家庭财产也是均分。但这可能对于女性是不公平的，因为在离婚后，女性能分享到的仅仅是家庭实物资产，并无法分享男性在市场劳动所累积的人力资本。这就意味着男女性对家庭的实际贡献与其所能分配到的财产不成比例，女性的家务劳作得不到全部报酬。因此，在婚前，男性如果不能在婚前给予足够的补偿，女性将拒绝与其结婚。彩礼就是婚姻收益的一种事前补偿机制，以保证女性能获得其对家庭贡献的全部收益。而婚姻市场竞争的结果也会形成一个均衡，通过彩礼、婚姻存续期间财产的共享和可能离婚条件下财产的平均分配，女性刚好能获得与其对家庭贡献相称的报酬。

现在假设张晓梅委员的提案得到实施，其对家庭收入在夫妻间的分配有何影响呢？经济学告诉我们，该提案不会改变家庭收入在夫妻间的分配。下面分析具体逻辑。

因为男女性在家庭收入中的分配是市场竞争的结果，该提案并没有改变男女性在婚姻市场中贡献的比例，也就不会改变收入的分配。具体而言，收入在夫妻间的分配是多维的，如果法律规定丈夫应该向妻子的家务劳动支付报酬，在收入分配的其他维

度如彩礼等方面，妻子能够事前分享到的家庭的收益也会同数额下降，最终收入在男女性间分配的比例不变。

因此，家庭收入在夫妻间的分配是市场力量作用的结果。市场力量的变化，如男女性别比、女性参与市场活动的程度的变化等因素均会对收入在夫妻间的分配产生影响，但要求丈夫为妻子的家务劳动支付报酬并不会影响收入在两性间的分配。

第 24 节
大家庭为什么会变成小家庭？

与早期相比，20 世纪的家庭组织更松散，作用更小。其根本原因在于 20 世纪的政府和市场机制已经发展到这种程度，即它们能够培训和教育年轻人，并且能够保护一些人免遭危险，这些人包括老人、病人、先天不足的人、长期失业者和其他遭受经济灾难的人。这些新制度淡化了过去依靠家庭来达到这一目的的价值观点。

——贝克尔

（一）

为什么作为同胞兄弟，在父母去世不久，甚至父母仍在世时就会分家？为什么在我们父母那一代，堂表兄弟姐妹之间的联系会非常紧密而现在联系会越来越少？为什么与老人合居的家庭会越来越少？为什么古代社会非常强调家族，而现代社会强调核心家庭？

上述问题涉及家庭规模问题，我们可以用科斯等学者发展出来的组织（企业）规模理论回答上述问题。

家庭规模取决于两个因素，一个是生养小孩数目，二是家庭成员包括哪些，即"这个家庭有多大的能力将他们所生子女以外的人聚集在一个屋檐下"。（安德烈·比尔基埃等：《家庭史》）生养小孩子数目取决于父母基于成本收益的理性选择，这在本书另文中有过阐述，本部分主要分析家庭成员的变化。

组织规模经济学认为，组织规模的扩张取决于扩张成本和收益的分析。规模扩张的收益是规模经济，成本则是组织与管理协调成本。

就家庭而言，随着规模的扩大，分工协作可以变细，因此专业化生产有利增加家庭生产的效率；每个人所面临的风险与不确定性也可以由更多的人分担等等。在社会动荡时期，家庭规模的扩大增加了家庭应对外部威胁的能力，这些是家庭规模扩大的收益。对于家庭的规模经济，郑振满在《明清福建家族组织与社会变迁》中这样写

101

忆苦思甜

道："从表面上看，大家庭的发展要有一定的经济基础，因而往往导致一种误解，认为只有富裕者阶层才能维持大家庭生活。但实际上，良好的家庭经济状况，往往不是大家庭发展的原因，而是大家庭发展的结果。清代福建有不少富裕的家庭，都是从贫寒的家境中发展而来。"

与此同时，家庭规模的扩大也会带来规模不经济。如随着家庭规模的扩大，家庭成员间偏好的差异也就会扩大，这会极大地增加家庭内部的组织协调成本，从而造成家庭规模的不经济。

历史学家吕思勉在《中国通史》中对于家庭规模经济与异质偏好成本之间的权衡作了生动的描述："因为在经济上，和则力强，分则力弱，以昔时的生活程度论，一夫一妇，在生产和消费方面，实多不能自立的……然经济上虽有此需要，而私产制度，业已深入人心，父子兄弟之间，亦不能无分彼此。于是一方面牵于旧见解，迫于经济情形，不能不合；另一方面，则受私有财产风气的影响，则要求分。暗斗明争，家庭遂成为苦海。"

因此，理性的家庭会考虑家庭规模扩大给家庭带来的成本和收益，当家庭规模边际扩张的成本等于收益时，就是家庭规模的最优点。

（二）

在古代中国，一个家庭如何在以农业生产为主，社会保障不发达，生存条件较差的环境下生存下去？一般而言，其所依赖的是通过降低家庭内的交易成本来维持较大的家庭规模，以实现家庭内分工的规模经济。

为此，中国古代社会发展出一系列降低家庭内交易成本的方法。主要有：以孝道协调代际关系；以悌道协调同辈间的横向关系；以夫妇之道协调夫妻关系。

在日常生活和婚嫁时，父母的意志替代着子女的意志，"礼义、道德、宗教都赞同对父亲意志的完全顺从与屈抑，而绝对制裁一切个性与独立"（李银河：《一爷之孙》）；对女性从小就灌输三从四德的思想，以降低她嫁入婆家后与新的家庭成员间分工合作的成本；为防止子女离开父母造成事实上的分家局面，强调"父母在，不远游，游必有方"为孝道的一种①；因家庭成员对家庭贡献难以衡量所产生的纷争会提高家庭内交易成本，家长在安排子女工作时，以可衡量作为重要的标准，如要求子女从事生产率和风险差距不大的农耕生产；为防止妻妾不和增加家庭内交易成本，不嫉妒被誉为女性的美德；为防止姒娌间的矛盾影响兄弟间感情进而影响家庭的稳定，由婆婆监督姒娌间的工作分配和对偷懒等行为进行监督，不听妇人言被誉为男性的美德；"窃盗"，即有私产，和口多言一起构成为七出的条件……

为协调家庭内的生产和分配，要有一个户主，一般为父亲，主要原因在于父亲对子女的权威是从小建立的，文化和法律也制裁对父母意见不顺从的行为。父母能从家庭收入最大化角度思考问题，且其对子女的利他主义是天性，一般能在生产和分配中保持诸兄弟间的相对公平。因此以父母作为家庭的最终决策者降低了家庭内的交易成本。但到父母年老无法承担协调沟通，尤其是父母去世后，兄弟间的分工和产品分配缺乏一个强制执行的第三方，交易成本急剧增加。"父亲命丧黄泉后，已婚的两兄弟就很难维持一个大家庭。"（贝克尔：《家庭论》）对此，西方有谚语曰："父母砍不断，兄弟姐妹可砍断。"（安德烈·比尔基埃等：《家庭史》）

---

① 让家庭成员在一起生活还有一个好处是便于了解家庭成员的性格和观察家庭成员的行为，减少因信息不对称给家庭内相互保险带来的伤害。

因此随着家庭规模的扩大，血缘关系复杂化，偏好差异突显，偷懒和渎职行为增加，组织内部的交易成本急剧上升。这给管理家庭带来很大的困难。家庭规模与家庭内交易成本的关系在一些历史上有名的大家庭中得到充分的体现。如唐高宗问当时最负盛名的义居大家的负责人张公艺治家之道，张公艺老泪横流说不出话，只是连写了一百多个"忍"。（邢铁：《中国家庭史第三卷宋辽金元时期》）

（三）

著名的社会学家帕森斯有个著名的假说：在现代化过程中，家庭会经历从扩大型家庭到核心家庭的转变，即亲属团体的解体和核心家庭体制的出现。在核心家庭体制下，核心家庭的成员摆脱了对远亲的义务，但配偶间的义务得到了强调。（李银河：《一爷之孙》）这个过程在中国表现得非常显著，堂表兄弟姐妹间联系的减少只是其中一个重要表现而已。出现这种现象的原因可以从家庭规模经济的减小和维持大家庭成本的增加来说明。

第一，国家和社会对家庭职能的替代。

李银河在《一爷之孙》中认为中国传统家庭具有许多的功能，如宗教功能（祖先崇拜）、司法功能（血亲复仇）、保护功能（保护住房财产）、经济功能（家庭作为生产组织单位）、社会化功能（子女教育）、生育功能以及文化功能等。随着社会的发展，这些功能中不少部分逐渐转移到社会和国家层面，如学校教育对家庭教育功能的替代，司法等制度对家庭司法功能的替代等，这就减少了家庭的规模经济，家庭的核心化反映的就是这一点。

在古代，人们缺乏养老、医疗等社会保险，金融中介又不发达，通过家庭内成员的互保以抵御不确定性成为人们的理性选择，吕思勉在《中国通史》中就这样写道："家庭的组织，是经济上的一个单位，所以是尽相生相养之道的。相生相养之道，是老者需人奉养，幼者需人抚育。"从保险的角度讲，家庭内成员越多，就越能减少非系统性风险。在日常生活中和堂表兄弟联系得越紧密，也就越能在发生突发事情或一家无力承担的事情如红白喜事时，得到他们的援助。因此"亲属关系纽带的存在是一张防备危机和困难的保险单。"（李银河：《一爷之孙》）因此，古人不但重视大家庭，也重视家族内部的合作，宗族在个人生活中也占据着重要的位置，其根源就在于以血缘为核心的互保。

与此同时，在古代中国缺乏完善的养老保障制度的情况下，养儿防老几乎是老人养老的唯一形式，为防止子女遗弃老人给社会造成压力，统治阶级除了强调"孝道"外，历朝历代均通过法律规定，如果父母不允许就不能分析家产。例如，唐代的法律规定："诸祖父母、父母在而别籍异财者，徒三年。"

对于相对静止的传统社会而言，老人在生产和生活中累积的经验对于年轻人具有重要的意义。教育也是以家庭教育的形式实现知识从老一代向年轻子女一代的传递。因此，"可以把家庭看做是一所小型的专门学校，它为特殊职业、耕种和手工作坊培训学生，并且在这些毕业生的资格得到社会正式认可之前，家庭负责担保他们的这一资格。"（贝克尔：《家庭论》）

随着社会的发展，社会保障体系和学校教育等制度的逐渐建立，养老和医疗等保险从家庭和家族转移到国家和社会层面以实现更多范围内的规模经济。"市场保险是建立在千百万个家庭经验基础之上的，它可以对火灾、死亡、老年人、病人以及其他灾难提供任何单个家庭都无法比拟的有效保护。"（贝克尔：《家庭论》）个人对家庭和家族的依赖降低，堂表兄弟间关系的削弱正是这种功能替代的生动表现。有学者将其生动地描述为"公民世界替代了'堂兄弟、表兄弟'的世界。"（安德烈·比尔基埃等：《家庭史》）

第二，古代中国发展出一系列的制度安排来降低管理家庭的成本。因为家庭内的相互保险对于传统家庭的生存和延续具有最重要的意义，所以这些制度的一个重要特征是为降低风险不惜伤害成员的生产率和个人隐私，如将家庭成员限制在固定的范围和职业以便观察其行为，相互监督以降低整个家庭所面临的不确定性等等。

随着工业化时代的来临，实施这些制度的成本增加，这使得管理家庭的成本增加。如随着社会的发展，人员的流动性增加，限制家庭成员的就业区域和职业的成本增加；随着女性的职业化，其在家庭中的地位上升，三从四德教育的成本和接受度大为降低……这就使得"家族不仅不再对关于监管和控制其成员的这类事情感兴趣，而且也没有能力再来管这类事情了"。（贝克尔：《家庭论》）

因此，家庭规模的降低，即核心化是家庭内交易成本增加和家庭内分工收益降低双重作用的结果。

第 25 节
男人不止一面

男人不止一面。

————某广告

一个开小店做小本生意的老板，以对客户态度和蔼而为大家所称道，生意也是非常红火。突然有一天，他的老婆边向大家展示自己遍体鳞伤的身体，边诉说丈夫对其的施暴。尽管有伤痕累累的身体作为证据，但周围的人对从不发火的小老板会是一个家庭暴力的实施者这一点还是将信将疑。我们是否应该相信其妻子的哭诉呢？

电视剧《不要和陌生人说话》中的医生安家和，在外人面前温文尔雅，但却是家庭暴力的实施者。这种"男人不止一面"现象是否具有普遍性呢？

其实在日常生活中，尽管可能没有家庭暴力那样恐怖，但我们也经常可以看到男人的两张脸。

就我身边而言，有一个姨夫，属于事业有成型，办事热心肯帮忙，脾气好而在周围有非常好的口碑。但我们这些兄弟姐妹都比较怕他，因为他在和我们接触时，总是板着一张脸。有一次，我问我姨娘：为什么每次见姨夫他总是板着一张脸，让大家总是觉得很害怕？姨娘的回答是：他人就是这样。真的是这样吗？

如何看待男性的两面性呢？经济学告诉我们，男人这种两面性是其在不同约束条件下的理性反映。

由于自然禀赋的不同，个性之间存在着差异，每个人控制情绪的能力有强有弱。但控制情绪需要付出成本，如心情压抑甚至造成心理疾病等，是一个显而易见的事实。与此相对应的是，冲动的收益就是控制情绪的成本，冲动的成本则是人际关系等方面的损失。尽管不少人感觉"自己在冲动时脑子一热，什么事情都干出来了"，其实，理性的影子还是深深地埋在冲动之中，每一次冲动的形式、程度等均与冲动的成本收益密切相连。

当你觉得"忍无可忍，无需再忍"时，控制情绪的成本变得无限高，冲动的收益

多面男人

也同样处于无限高的水平，权衡的结果当然是任由情绪当众发出。当然，随着情绪的回落，冲动的人往往出现后悔懊恼等情绪，但这并不意味着在情绪爆发之时，当事人是不理性的，毕竟事后诸葛亮比较容易。不同的人与自己有不同的联系，人际关系出现裂痕时的损失也就不一样。这意味着相似的冲动在面对不同人时存在着成本差别，基于成本和收益的考虑，冲动程度也就体现出了这种差别。

如你可以向自己的父母大喊大叫，但在面对爱人的父母时，你只能强忍脾气；你可以向你的同学发火，但在面对导师时，你只能忍声吞气；你会向"县官"表达你的愤怒，但你不会向"现管"做出同样程度的表示，除非你已经做好了离职的准备。

男人在家里和单位中的不同表现正是冲动成本差异的体现。下面以做小本生意的男性为例说明之。

在传统社会，"女主内，男主外"，女性在家庭内劳作，男性在外面工作。女性缺乏在社会上独立生存的能力，在经济等方面对男性具有很强的依赖关系，即使男性对女性的态度十分恶劣,女性也无法脱离男性独立生存。因此就男性而言,即使对女性脾气不好,乃至施加家庭暴力,女性也无力离开男性。这就使男性对女性发火的成本很低,即控制情绪收益很低。对子女的情况与对妻子相类似。

男性在社会上如果对其他人控制不了情绪,对于工作的男性而言,则可能使得其丧失上升空间,乃至失业。对于做小本生意的男性而言,其所面临的是一个近乎完全竞争的市场,自己的态度不好就会造成客户的流失,这会给男性和其家庭均造成不可弥补的损失。因此男性对同事或客户发火的成本很高,即控制情绪的收益很高。

考虑控制情绪的成本和收益问题,在家人面前做爷而在社会上做孙子也就成为不少男性的理性选择,甚至一些男性会将其在社会上所受到的委屈压力转移到到家人身上。

这一点用经济学专业术语表达就是:男性在家庭中和社会上面临的市场结构不同,在家庭生活中其面临的市场近乎垄断市场,而在社会上其面临的市场则近乎完全竞争市场。在垄断竞争市场中,其所提供服务的品质(包括脾气)稍差,并不会导致客户(家人)的流失;而在完全竞争市场中,其所提供的服务品质(包括脾气)稍差,就会导致客户大规模流失。在品质投资需要付出成本(控制情绪的成本)的情况下,在两个市场上提供不同品质的商品和服务(脾气)也就成为作为商品和服务提供者男性的理性选择。

但值得注意的是,男人的两面性并不意味着男性不爱和不关心妻子或家人,这所反映的仅仅是控制情绪的成本和收益而已。一个男人对其母亲的解释就说明了这一点:"在外面,是为了工作。我跟老板喊,老板会辞了我;跟客户喊,生意就谈不成了;我要挑同事的毛病,他们就会在背后说我的坏话。没有办法,我只能当老好人!妈,要是回到家再处处只能说好话,我会疯了的!"(黄昏后:《有一个人你可以得罪》)

随着女性在外工作机会的增加,经济独立性的增强,女性离开脾气不好男性的成本减少。我们可以预期到的是女性的多面性也会随之增加,而男性的多面性则会随之减少。

第 26 节

为什么会有出轨？

"先告诉我们好消息。"游民们嚷嚷着。

"好吧。"摩西说，"费了一番努力，我终于让他（上帝）同意，地上所有之物十分之一归他。"

"好，那很好。"游民都喃喃道，"那坏消息呢？"

"通奸仍然是有罪的。"摩西说。

———斯蒂芬·贝利主编：《两性生活史》

20 世纪 60 年代，美国著名性学专家金西博士研究表明，有过婚外性行为的女性占 26％，男性占 50％。20 世纪 80 年代，盖哈德博士研究估计，美国有婚外性行为的人在女性中占 35％～40％，男性占 50％。我国的相关研究也表明，婚外性行为正在快速增加，尤其是在城市男性中。（王纪芒：《婚外情面面观———一个社会学的实证研究》）因此，出轨已经成为社会科学研究的重要课题。

有婚姻，必然有出轨。出轨、婚外情和包二奶等已经成为威胁中国现阶段婚姻稳定的重要因素，《花样年华》、《手机》、《中国式离婚》等影视小说受到欢迎说明了这一点。一曲《风中之烛》，寄托了对婚姻出轨的受害者戴安娜王妃的深深同情。

出轨是指婚姻当事人中的一方与合法婚姻之外的异性发生性关系。尽管好莱坞大片《廊桥遗梦》将一个妇女的"出轨"的过程和心理描写得令人感动。但是，在几乎所有国家，婚外情即使不被视为洪水猛兽，也为法律所限制和道德舆论所谴责，如老虎泰格·伍兹的出轨就让其名誉扫地。在这里，我们不对出轨做道德上的判断（因为这个社会从来不缺乏道德说教者），而是分析与出轨有关的一些现象，如为什么会出轨、男性和女性谁更容易出轨、男性和女性谁更能容忍出轨等问题。

造成钻石级男人和一般男人（和女人）出轨的原因存在很大的差别，所以我们应该对这两者进行区别分析。

"莫愁前路无知己，钱多自然有红颜。"对于那些钻石级男人而言，其能够养得起很

审美疲劳

多的女性，而且他们的财富对不少女性也具有很强的吸引力。因此，在他们周围从不缺乏女性。在一夫多妻的时代里，他们是一夫多妻的实践者。在法律禁止一夫多妻的情况下，他们转而采取包二奶、婚外情等形式继续过着百花丛中过的日子。对于他们而言，出轨的成本很低，婚外性生活等出轨行为也就较多，需求定理而已。在中世纪的欧洲，宗教禁止一夫多妻，导致情妇在贵族圈里盛行，这只是其中的一个例证。恩格斯不是将一夫一妻制定义为"以通奸和卖淫为补充的专偶制"吗？

但这些人无论在古代还是现代，毕竟属于少数。下面分析一般男女性的出轨行为。

"孩子是自己的好，老婆是别人的好。""家花没有野花香。"随着婚后两人开始一起生活，恋爱时期的浪漫和美好的想象开始变成重复的单调生活，一些在婚前没有注意或没有表现出来的缺点在婚后得到暴露，甚至被主观扩大，而一些优点则常被忽视，"一叶障目，不见森林"。如在妻子眼中，丈夫对自己的细心照顾，给自己做饭洗衣服是理所当然的事情，但丈夫赚钱少是一个很难容忍的缺点；而对婚姻之外的异性，因没有在一起生活，则往往只看到其优点而忽视其缺点。钱钟书在《围城》中这样写道："狗为了追求水里面骨头的影子，丧失了到嘴里的肉骨头！跟爱人如愿以偿地结了婚，恐怕那时候肉骨头下了肚，倒要对水怅惜这不可见的影子了。"因婚姻当事人缺乏对另一半的正确评价，容易放弃肉骨头，去追求不可见影子的现象。

与这种情况比较相似的是，婚姻的一方对对方的某种品质有着特别的偏好，而因婚前信息不全等原因，与自己结婚的伴侣可能并不存在这种品质，不少人就会从婚外异性中去寻找这种品质以满足自己的偏好。最有名的就是查尔斯王子的故事，他在家中有绝世佳人，结果却和一个在其他人看来和戴安娜不是一个重量级的女性偷情，且最终让戴安娜王妃以悲剧收场。尽管看上去如此不合常理，但如果我们从查尔斯王子需要一个知音倾诉衷肠，而戴安娜并不是一个合格倾听者的角度去理解查尔斯王子偷情的理由，可能也会理解其中的苦衷。

由于边际效用递减，长时间共同生活造成婚姻的疲惫感则是造成出轨的另一个重要原因。婚姻就是牵手。随着时间的推移，夫妻之间的牵手变成了左手拉右手，婚姻能提供稳定的生活，但婚姻不能提供持久的激情和浪漫。寻求婚外刺激的想法也会伴随婚姻疲惫感而发生。如罗素在《婚姻革命》中就这样写道："他们也许会深深地相爱，而且在若干年里只钟情于一个人，但是性的爱抚迟早会失去热情的锋芒，于是他们就开始在别的地方寻求那原有的冲动感。"在电影《廊桥遗梦》中，弗郎西斯卡伴着丈夫和一儿一女过的单调而清寂的乡村生活是其与罗伯特发生婚外恋情的重要背景。四天，仅仅是四天的时间，则是使罗伯特和弗郎西斯卡的婚外恋让弗郎西斯卡永远难忘的原因，因为双方在婚外恋的激情还没有消退，对方的缺点还没有暴露之前就分手，留下的就只有偷情的快感了。对于此，周国平在《爱的五重奏》中有着深刻的描述："人们往往把未知的东西和难以得到的东西美化、理想化，于是邂逅的新鲜感和犯禁的自由感成为性爱快感的主要源泉。"

男女性的"黄金时段"是不同步的。对于女性而言，年轻时期是其黄金时段，此时集中了女性的美貌、身材、生育、哺乳等。因生理原因，到中年她们的这些品质都开始快速衰退。男性的黄金时段则为中年，风度、事业、财富、经验等往往在中年达到最高点。事业有成的中年丈夫，在社会上面对的是一个个处于黄金时段的女性，回家面对的是处于衰退期的妻子，何去何从？婚约在此时保护着处于中年期的女性的利益，防止男性的始乱终弃。而因为解除婚姻的高成本，不少事业有成的男性就会选择通过婚外恋等

形式突破婚约限制，实现其在特定年龄段（中年）在婚恋市场上的等价交换。

尽管在不少家庭，男女在一起生活的收益已经为负，但因离婚需要支出大量的成本，该成本仍大于一起生活（为负）的收益，以出轨替代离婚也就成为这些家庭中男女双方的可能选择。具体而言，婚外情作为离婚的替代品，离婚的价格（代价）越高（如离婚条件严格，需放弃的东西较多等），婚外情也就越多。也正是基于此，经济学家推理出"严格离婚条件将增加婚外情的数量"。恩格斯在《家庭、私有制和国家的起源》中也认为，在天主教会禁止离婚的背景下，"丈夫方面是大肆实行淫游婚，妻子方面是大肆通奸。"

因此，边际效用递减，男女性"黄金时段"的不同以及离婚的高成本等均可能是夫妻中一方或双方均出轨的可能原因。

第 27 节

男性还是女性更容易出轨？

世上一切财富，均赖女性贞洁。

——萨缪尔·约翰逊

张爱玲曾经说过："正经女人虽然痛恨荡妇，其实若有机会扮个妖妇的角色的话，没有一个不跃跃欲试的。"（《谈女人》）但心理学、社会学等学科的研究表明，与女性相比，男性无论在精神上还是身体上更容易出轨。根据社会生物学家估算，在一个稳定的群体中，5/6 的女子是忠诚型，但只有 5/8 的男子是忠诚型。（陈蓉霞：《女人天生是第二性?》）而潘绥铭等人在 1999 年针对中国人的大型性调查就发现，"男性已婚者中有过婚外性行为的人达到 21.2%～22.5%。可是在女性已婚者中却少大约 16 个百分点。从发生的可能性来看，男性是女性的 4.7 倍。"（《当代中国人的性行为和性关系》）前述美国的数据也说明了这一点。

在现实生活中，我们也可以经常发现女性一般对男性的出轨比较容忍，"哪有不吃腥的猫"也就成为不少女性的口头禅。而男性则对女性的"红杏出墙"容忍度较低，"传统上一直认为，妻子通奸是比丈夫通奸更严重的违法"。（波斯纳：《性与理性》）一项针对前工业社会的统计也表明，74%的社会不允许婚外性关系，26%的社会对男女有双重标准，即只准许男性婚外性关系，不准女性有此类行为。（王纪芒：《婚外情面面观——一个社会学的实证研究》）

造成两性间对配偶出轨的行为和容忍度差异的原因是什么呢？

1. "繁衍后代"成本的差异是男性较女性更容易出轨的原因之所在。同样是繁殖后代，男性投入的仅仅是遗传物质，女性至少需要怀胎十月和婴儿出生后的母乳喂养。因此，一个私生活随便的男性，在一年内可以让很多的女性怀孕，但一个私生活随便的女性，一年之内也只能生育一个孩子。"乱交对妇女风险更大，这不仅因为乱交可能使她

以防万一

对求爱者不加区别①，而且因为男子不情愿保护一个可能怀上其他男子的孩子的女性。"（波斯纳：《性与理性》）而"因为男性在自己基因的再生投入方面有着非常低的成本，因此有不断更换伴侣的动机"（塞缪尔·卡梅伦：《七宗罪的经济学》），所以，花心和出轨对男性繁衍后代有利，但对女性影响有限。进化的结果就造成男性较女性更不能经受婚外异性的诱惑，更容易出轨。"男子的放荡——和尽可能多的女子发生关系，以及女子的贞洁——不愿意轻易背离配偶，在社会生物学家看来，只是一种生物学上的本性。"（陈蓉霞：《女人天生是第二性?》）

---

① 这种不加区分会影响自己和小孩的生存。因为在古代，尤其是初民社会，女性和小孩的生存有赖男性的保护，男性是否愿意提供这种保护、男性是否有能力提供这种保护需要女性去识别。

2. 男性和女性出轨对对方造成伤害程度的差异决定了两性对出轨容忍度的差异。

既然男性比女性更容易出轨，那么女性出轨后对婚姻的伤害要大于男性出轨对婚姻的伤害。一个结了婚的男性被一个女性吸引的原因可能仅仅是该女性不是自己的妻子，而一个结了婚的女性被一个男性吸引的原因可能是因为该男性可以为自己和小孩提供更好的保护，是一个更好的丈夫。因此，妻子的出轨对婚姻的威胁更大，相较于女性，男性也更难容忍女性的出轨。

更重要的是，男性的出轨不会造成女性养错小孩，而男性巨大的授精能力也保证男性出轨不会造成妻子没有后代的现象，最多就是男性因出轨所产生的婚外子女摊薄自己和自己小孩的生存资源；与此相反的是，女性的出轨则会造成男性养错小孩子，甚至使丈夫没有真正的小孩，从而破坏父系财产继承制度。因此，对婚姻的双方而言，在基因适应性上，男性出轨对女性造成的伤害要小于女性出轨对男性造成的伤害。

正是这种伤害程度的差别，造成了女性对男性出轨比较容忍，而男性比较难以容忍女性的出轨。这一点在基因技术还没有发展出来之前表现得更为明显。如波斯纳就这样写道："男子的性嫉妒要比女子的性嫉妒更为强烈。男子的性嫉妒是适者生存的反应，因为它减少了男子协助复制一个与自己没有关系的其他男子的基因的可能。"（《性与理性》）这种容忍度的差异进一步拉大了男性和女性出轨的成本差异，成为男性较女性更容易出轨的重要原因。这也反映在出轨后被配偶知道的比例，男性要远大于女性。①

3. 同样是男性的出轨，女性对于男性不同出轨行为也有着不同的反应。就现代社会而言，不少的女性对于男性偶然的出轨，如嫖妓等容忍度要大于包二奶和找小三，因为前者至多损失一点金钱和承担一定的性病风险，而后者则可能会因小三逼婚造成婚姻的破裂，或非婚生子造成对自己和小孩的资源挤压。

上述男女性生理上的差别，加上男性和女性因出轨离婚的社会成本差异，如离异后的男性比女性更容易再婚②，离婚后女性会丧失丈夫累积的人力资本等，男性和女性在出轨发生的概率上有着明显的差别。

_____

① 从经济学的视角看，因保护自己的秘密需要付出成本，女性因为出轨后被丈夫得知需要付出的成本较高，其保守出轨这个秘密的收益也较大，也越愿意付出成本去保守这个秘密，该秘密被配偶知道的比例也就越低。

② 中国1999年的调查数据就说明了这一点："在那些曾经离过婚的男人中，有75.3%的人已经再婚；可是在离过婚的女性中，却只有62.5%的人再婚。"（《当代中国人的性行为和性关系》）

　　然而，养育小孩子需要男女性的通力合作，一个容易出轨的男性在婚姻市场上不会受到渴望得到其照顾自己和小孩的女性的青睐，也不利于其家庭的稳定，这就对其基因的延续造成不利影响。因此，男性在出轨过程中，一般会选择对家庭伤害最小的形式，如以"不做承诺"作为选择出轨和婚外情对象的基本条件，而相对不重视女性的其他条件，如魅力、健康等，以实现"家中红旗不倒，外面彩旗飘飘"的目标。

　　还要请读者中的女性朋友放心，尽管和你们相比，男性从生物学意义上更容易出轨，但这并不意味着你们的丈夫一定会出轨，因为出轨与否还要看出轨的成本收益衡量，男性尽管出轨的成本低于你们，但也未必会低于出轨的收益。毕竟出轨可能会导致家庭的破灭，使自己和（或）家人染上性病，给自己带来社会声誉方面的损失等。

第 28 节

为什么现代社会出轨男女越来越多？

人类的性质，本来是多婚的（男女皆然），虽由社会的势力，加以压迫，终不能改变其本性。所以压迫之力一弛，本性随即呈露。

——吕思勉：《中国通史》

在现代社会，我们可以发现以下两个与出轨有关的现象。

第一，整个社会的出轨率大为增加，这一点在一些社会学调查中均有发现。

第二，尽管女性总的出轨率仍低于男性，但女性出轨率上升的速度要明显快于男性。如根据黄盈盈和潘绥铭在《21 世纪我国女性的多伴侣行为变迁之分析》中公布的"中国成年女性的多伴侣自报发生率"数据可知，2000 年处于婚姻状态（初婚/再婚）的女性自报多伴侣发生率从 7.1％上升到 31.8％。

本部分试图对以上两种现象进行经济学解读。

经济学中的需求定理这样认为，价格（代价）越高，需求越少。现代社会出轨率增加是对出轨行为约束减少，即出轨代价的下降的结果。这主要表现在以下几个方面。

1. "出轨"逐渐无罪化。在古代中国，丈夫有权对出轨的妻子和奸夫实施死刑。在中国计划经济时代，个人无私事，出轨行为会对个人的政治前途等造成非常不利的影响。而在现代社会，出轨逐渐由法律规范变成个人道德问题，社会舆论对出轨的态度也日益放松。从"私通"到"出轨"，描述婚外恋词语的意义逐渐中性化。甚至社会舆论会对一些在婚内生活不愉快的男性或女性的出轨行为持同情态度。出轨的非罪化减少了出轨的代价，出轨行为也随之增加。

2. 出轨机会的增加。在非现代社会，"男主外，女主内"是家庭内分工的常态，女性的活动领域被束缚在家庭之内，很少有发生婚外情的机会和环境。如在张择端的《清明上河图》中，所出现的人物除四人外，皆为男性。在婚外男女性间接触很少的社会中，男性又像防盗一样防着女性出轨，女性出轨出现的可能性就很小。但在现代社会，随着第三产业的发展，女性就业范围逐渐从家庭内劳作转向那些涉及室外工作和外出工作的职业，婚外男女性之间接触的机会大量增加，保证男女授受不亲的成本也随之上升，出轨的机会较之以前大大增加了，出现婚外恋情进而感情或肉体出轨的几率也大为增加。

3. 在古代社会，因避孕技术有限，出轨经常因为婚外生子而暴露。但在现代社会，随着避孕技术的进步，除非是刻意追求，出现婚外生子的现象大为减少，出轨暴露的几率也随之减少。对此，波斯纳在《性与理性》中就这样写道："在避孕技术被广泛运用之前，性交和怀孕密切相连，对怀孕的恐惧足以阻挡女性把性作为一种乐趣来享有。现在避孕技术的应用，使性交和怀孕彻底分离，女性再也不用担心性交会带来怀孕。这些都大大地刺激了非婚性行为与婚外性行为的发展。"不光如此，避孕技术的进步也间接地减少了"女性对男性的依赖（这种依赖是因连续怀孕造成的），因此也就减少了女子以允诺保持贞洁来换取男性供养的激励因素"。

4. 在古代社会，因交通条件的限制，个人生活圈子有限，出轨后被发现的概率很高。但在现代社会，随着交通和网络的发达，男女性接触的范围大为扩展，实施婚外性关系的成本减少。尤其以网络为媒介的网恋和"一夜情"等被周围发现的概率也很小。据广州日报 2010 年 12 月 15 日报道，美国婚姻律师学会最近的一项调查表明，著名社交网站 Facebook 已经成为婚姻的破坏者，美国 20％的离婚案件与其有关。英国一家法律公司 2009 年的调查也显示，20％的离婚案件是由 Facebook 引发的。现在，包括 Facebook 在内的社交网站已经成为所有离婚案件中最主要的婚外情取证来源。

5. 在非伴侣婚的条件下，结婚大多基于夫妻乃至双方家庭在经济上的互利，出轨意味着经济上互利关系的破裂，这会对夫妻乃至双方家庭造成很大的伤害。而在伴侣婚的条件下，爱情在夫妻关系中起着越来越重要的作用。但以爱情为基础的婚姻面临着爱情消退的问题，当某一男性或女性周围出现一个自己更爱而且更爱自己的人时，出轨是道德的还是不道德的呢？因此，在现代以爱情为基础的伴侣婚姻会比传统以利益为结合基础的非伴侣婚姻有着更大的出轨行为。

6. 性的需求是人的本性。在古代社会，男女在性刚成熟就结婚，性的需求大多通过婚姻内的形式解决。而在现代社会，一个重要的特征是男女结婚年龄提高，处于妙龄的单身青年男女会采取种种方式解决性问题：婚前同居是一种，和已婚的男女发生婚外情则是另外一种。因此，单身男女的增加扩大了婚外情市场，也增加了婚外情发生的概率。

现代婚姻

　　现代社会流动性增加也是导致婚外恋增加的重要原因。在传统社会，除商人等个别职业外①，社会流动性不强，很少会出现夫妻间长时间分开的情况。但在现代社会，社会流动性增强，可能造成夫妻长时间不在一起，不少男女会通过婚外途径解决性问题。在中国，近几年留守妇女的婚外恋和婚外性关系成为社会学等学科关注的重要问题就说明了这一点。

　　7. 婚姻的本质是男性和女性间的一个交易，即女性通过贞洁换取男性对女性及其子女的保护和经济支持。这反映在传统社会，男性在外面有婚外性关系的现象较多，而女性则相对较少，社会上对男性的贞洁要求较低而对女性贞洁要求较高。在现代社会，随着女性大规模地从事市场劳作，在经济上取得独立地位，对男性的依赖下降，即女性已经不需要通过守贞来换取男性对自己和小孩的经济支持。对此，波斯纳在

---

　　① 如在冯梦龙《三言两拍》之《蒋兴哥重会珍珠衫》中，王三巧与蒋兴哥间本是恩爱夫妻，但蒋兴哥外出经商长期未归，使得王三巧闺门寂寞，给外人以可乘之机。

《性与理性》中这样写道:"在保护妇女和儿童中,男子扮演的角色越大,社会就会越强调女子的贞洁;因为除非男子确信他们保护的是自己的孩子,否则的话,他们不会愿意扮演这一角色。如果妇女不需要男子来保护自己和孩子,她们就无须对男子的这种偏好做出让步。"这就意味着随着女性走向社会,女性发生婚外情的成本得到快速的下降,而且下降的程度要大于男性。

8. 在传统社会,社会保障体系不发达,保险有赖于家庭内部保险,女性对男性依赖度非常高。而在现代社会,随着社会保障体系的发展,社会已经在很大程度上取代了家庭中丈夫和父亲的角色,女性通过社会保障体系能够脱离对丈夫的经济依赖。这同样导致了女性不需要通过守贞来换取丈夫的经济支持,也意味着女性发生婚外情的成本下降。不仅如此,社会保障体系的完善对男性的婚外性行为也起着明显的促进作用。如波斯纳在《性与理性》中就这样写道:"特别是在一个有慷慨的社会安全网络来保证没有父亲抚养的孩子得以存活的社会中,一个男子的最佳生育战略也许是把自己的有限资源用来抚养他的合法孩子,同时又生一些自己完全不抚养的非婚生子女,甚至是把自己的所有生育资源都用于非婚姻市场,并且把他必须承担的,抚养子女的全部负担都转移到纳税人身上。"因此,社会保障体系的完善与男性和女性的婚外性行为间存在着明显的因果关系。

9. 中国现阶段的男女比例失衡减少了女性出轨的成本。在男女比例失衡的情况下,男性,尤其是处于社会底层的男性,能娶上老婆非常不易,而且在其周围又有大量的可替代自己的同性,因而对于女性的出轨行为,往往睁一只眼闭一只眼,防止婚姻关系的破裂给自己带来更大的伤害。

因此,在现代社会,女性大规模地走向市场和社会保障体系的完善,造成了女性对男性依赖的下降,女性不需要以贞洁换取男性的保护,加上社会对婚外恋的日趋宽容和发生婚外恋信息和交通成本的降低,使婚外恋的现象日趋增加。相对于男性,女性发生出轨的成本下降得更多,我们也就可以看到女性出轨率的增加速度要大于男性。

尽管从偏好的角度看,"并不是我认识的每个人都有过婚外情,而是每个人都想尝试"(斯蒂芬·贝利主编:《两性生活史》),但是否发生婚外情取决于现实约束。现阶段,婚外情不断上升是婚外情成本不断下降的结果。在《两性生活史》中,斯蒂芬·贝利同样直率地指出:"现在,婚外情不再受制于历史流传下来的严格道德规范的约束,而是可以用天平来衡量,可以根据是否有利可图而为。"

第 29 节

你愿意生养几个小孩？

螽斯羽，诜诜兮。宜尔子孙，振振兮。

螽斯羽，薨薨兮。宜尔子孙，绳绳兮。

螽斯羽，揖揖兮。宜尔子孙，蛰蛰兮。

——《诗经·周南·螽斯》

婚姻的一个重要目的是"继后世"，即繁衍后代，绵延种族。"无后之家非家也。"子孙满堂、共享天伦之乐是东西方各个国家的人所乐道与向往的家庭生活。因此，家庭的一个重要的生产功能是人本身的生产或人种的繁衍。

从 19 世纪以来，西方社会生养小孩的数量不断下降。随着经济的发展，日本、亚洲四小龙和中国内地的生养小孩的数量也在不断下降。为什么随着经济的发展，现代人愿意生养的小孩数量会越来越少？

婚姻的重要目的是自身基因的延续，即生养小孩。就如结婚和离婚一样，现代经济学对于人类的生育行为也进行了广泛的研究，而对生育的经济分析也是贝克尔获得诺贝尔经济学奖的重要原因。

经济学认为，生育行为等同于商品的购买。父母生育孩子的决策，取决于生育孩子的成本收益对比。只有当收益大于成本即生养小孩的净收益为正时，父母才会决定生育小孩。具体而言，生养小孩至少有以下三种收益：

1. 子女是一种心理收入或满足的来源。

按照经济学专业术语，我们可以将子女作为一种带来效用的耐用消费品，基于这个角度，经济学常将小孩子比喻成玩具。将小孩比喻成玩具，是贝克尔理论提出之后饱受其他学科攻击的原因之所在。但仔细考虑一下，从出生没有多久的小孩子冲着你一笑到第一声爸爸妈妈，从咿呀学语到小大人，孩子的快乐是父母快乐的重要源泉。因此，将小孩子视为玩具自有其合理之处。

从社会生物学的角度看，生养小孩意味着自己的基因可以在世界上延续下去，这

121

就像自己的生命得到延长一样，可以给自己带来效用。儒家是所有古代思想中比较接近社会生物学观点的。它认为人如能在死前留下自己亲生的子女，就是自己生命及祖先生命的延续。生养在中国传统文化中也就成为一种责任，具有道德上的满足感。

2. 抚养小孩可以给我们带来货币收益。

当小孩子到一定年龄的时候，他（她）就能通过劳动给家庭带来收入。在农业社会，一个很小的孩子就能帮家里拔兔草、放羊，女孩子在 6～7 岁就能帮母亲做饭。在算公分的计划经济年代，一定年龄的孩子出去干活就能折算一定比例工分，这反映了十余岁的孩子在农业生产上可以抵半个甚至以上的大人。这就是生养孩子的货币收益。如张五常就认为："在早期的中国养孩子被当作是收入的来源和财富的储备。只要孩子顺从父母，孩子就是一种相对安全的资产。"（《子女和婚姻合约中的产权执行问题》）

3. 跨期保险。

当一个人处于幼年和老年时，生存能力会缺乏。为此，当父母从壮年走向老年的时候，子女也从幼年成长为壮年，反哺成为保证老年人生存的基础。因此，父母也可以将子女视为一种能在未来提供收入的资本品。也正是基于这个动机，中国的儒家传统文化强调孝，年轻一代不管是道德上还是法律上都被要求赡养老人。根据经济学家 Zimmer 的研究可知，上个世纪 90 年代，中国的老年人日常的支出中来自子女的占很大一部分。其中，在农村占到了 60.8%，在城镇占到了 53.3%。

但天下没有免费的午餐，在享受小孩所带来快乐和未来养老的同时，人们也要付出很多的成本。经济学认为生养孩子的成本是指父母生养孩子的全部花费，外加父母投入时间的影子价格。换言之，成本概念中既包括直接成本，如一个孩子衣食住行的费用、受教育的费用、文化娱乐的费用、由父母正式支付或补贴给子女的婚姻支出等，也包括间接成本，主要包括父母生养孩子所损失的受教育和获得收入的机会。（贝克尔：《家庭论》）

在上述成本和收益的框架下，现代经济学认为，随着生育小孩数量的增加，小孩子数目的边际增加给父母所带来的边际收益下降，边际成本增加。生育数目的均衡点就是边际成本和边际收益相等点。因此，生育的数量是父母理性选择的结果。

通过边际分析法，现代经济学成功地解释了许多与人口有关的经济和社会现象。而随着社会的发展，现代人对小孩数量的需求越来越少的原因也在于成本收益的变化。

在古代农业社会，由于男性生产率较高，女性生产率较低，因此，分工的自然结果就是时间价值较低的女性承担起抚养孩子的重任。又由于女性为抚养孩子所放弃的家庭工作所能带来的收益有限，加上抚养和教育孩子的成本较低，因此，生养小孩的成本很低。

与此同时，小孩从很小开始就能通过从事家务劳动和放牧牛羊等形式为家庭获得一些收入，10岁左右的男性一般也能抵上半个成年劳动力。玩具功能加上小孩工作获得的收益很大，多生小孩和大家庭也就成为当时人们的理性选择。

而在现代社会，下述原因造成了生养孩子的成本和收益发生变化。

1. "在19世纪之前，即使在先进国家里，活到10岁的活产婴儿也不足一半。"（贝克尔：《家庭论》）而随着医学的进步，小孩子的夭折率得到有效的降低，父母不需要通过多生小孩的形式来保证一定数量的小孩能够成年。

2. 随着社会的发展，现在的工作已不是简单劳动，需要进行许多的学校教育和培训才能获得赚钱的能力，孩子的教育年限增加。这就造成生养孩子收益的减少而需要付出的教育成本增加，使得"孩子从谋生工具变为经济负担"。（罗素：《婚姻革命》）

3. 随着社会保险机制的日益完善，现代父母对养儿防老的需求减少。

4. 离婚率对生育数量的影响。现代社会一个重要特征是离婚率的急剧增加。离婚率的上升一方面与生育小孩数量的减少密切相关，另一方面离婚率的上升也使父母意愿生育小孩数目降低，因为在婚姻容易解体的背景下，夫妻尤其是妻子，会减少对家庭专用性资产如小孩数量的投资。

5. 尽管上述原因对现代社会父母的意愿生育数量的分析有一定的说服力，但经济学家认为最重要的因素是随着女性大规模参与市场活动，生养小孩的间接成本大为提升。

在传统社会，女性主要从事家庭内的劳动，生养孩子并不会对女性的生产率造成太大的影响。但在现代社会，生养孩子将使女性在比较长的一段时间无法从事生产活动，使其丧失这段时间的货币收入。而长时期脱离生产活动，也对女性的生产率造成比较大的伤害，从而影响其再就业时的收入和提升机会。这一点已经被经济学的实证研究所证实。生养孩子数量越大，对女性生产率的伤害就越大，生养成本就越高。因

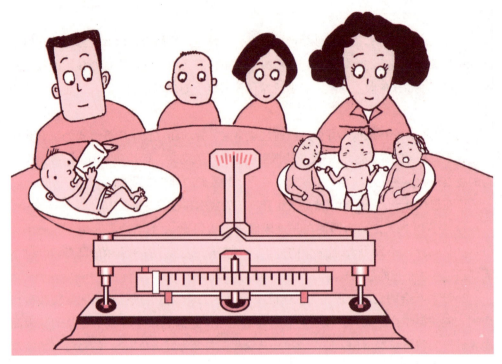

孰轻孰重

此，相比于传统社会，现代社会人们不愿意生养小孩的原因在于生养孩子的成本，尤其是母亲的时间成本大幅度增加。"在过去的一个世纪里，发达国家妇女挣钱能力的提高是已婚妇女劳动参与率大大增加和生育率大幅度下降的主要原因。"（贝克尔：《家庭论》）有实证研究就发现，在影响生育率的其他因素不变时，妇女工资率与生育数量间呈现负相关。

　　基于此，贝克尔在获诺贝尔奖时的发言稿中这样写道："时间价值的日益增加以及学校教育和人力资本的日益重要，解释了生育会随着国家的发展而下降的现象。"将这句话翻译成简单的经济学语言，就是需求定理，即价格（代价）越高，需求越少。

　　6. 城市化对生育数量的影响。随着经济学知识的普及，生养小孩成本增加导致生养小孩数量减少的理论得到一般民众接受。而从现实看，生养小孩的成本除了母亲的时间成本外，还有一个重要的成本是"空间成本"。

　　生养小孩需要一定的空间，住房的面积越大，生养小孩的"空间成本"就越低。与现代化相随而来的是城市化，即人口大规模从农村向城市转移。在农村，因土地便宜，建造住房的成本较低，住房一般而言较大。但在城市，土地因人口聚集而变贵，人均住房的面积也相对较小。这就意味着在农村中生养小孩的"空间成本"较低而在城市生养小孩的"空间成本"较高。因此，伴随着城市化的进程，由农村移民到城市的年轻父母对小孩的需求减少，整个社会的意愿生育量也会随之减少。

　　总之，意愿生养小孩的数目取决于理性父母的成本收益之间的权衡。现代社会父母意愿生养小孩数目的减少与生养小孩的成本收益变化密切相关。

第 30 节
父母收入增加对生育数量的影响

"亲爱的，我涨工资了，我们再要一个小孩吧"？"亲爱的，我涨工资了，我们能不能不要计划中的第三个孩子"？

在本书"你愿意生养几个小孩？"一节，我对生育数量的选择做了经济学分析。下面我们分析外生变量，即家庭收入的变化对生育数量的影响。因生育管制会影响人们能够生养的小孩数量，在本文中不考虑计划生育因素。

收入效应和替代效应

在考虑父母收入增加对生育数量的影响时，我们需要综合考虑收入效应和替代效应。

收入效应是指家庭收入增加后，家庭对作为正常商品的孩子和耐用消费品的消费需求都会增加。

替代效应是指当家庭收入增加后，孩子相对其他耐用消费品的价格上升，家庭会选择消费更多的其他耐用消费品，消费更少的孩子。

为分析以上两个效应对生育数量的影响，我们以两个极端的例子说明之。

收入效应。某对夫妻在现有的收入下准备生养的小孩数量为两个。现在丈夫买彩票中了 500 万，他们就会 500 万用于购买各种商品，如房子、家用电器等，当然还有同样是耐用消费品的孩子。在此时，意愿生养的小孩数量可能为三个而不是此前的两个。

替代效应。某对夫妻在现有的收入下准备生养的小孩数量为两个。现在国家对生养小孩进行补贴，对生养第三个及以上的小孩的家庭每年补贴一定的金额。因为现在相对于其他商品，抚养（购买）小孩的成本减少，对小孩的需求可能也会增加到三个。

下面我们分析家庭收入增长的常态，即工资性收入的增加对生育数量的影响。

随着家庭工资收入的增长，收入效应作用的结果是对孩子需求增加；又因生养小孩的成本包括物质（包括教育、住房等）成本和父母的时间成本，工资收入的上升意味着生养小孩需要放弃的收入（代表着购买力），即时间成本增加，这就意味着生养小孩相对于其他商品变贵，导致对孩子的需求减少。因此，就收入增加而言，替代效应与收入效应相反，最终对小孩的需求取决于两者力量的对比。

从现实来看，（工资）收入增加所产生的其他耐用消费品对孩子的替代效应大于收入效应。这一点可以从以下现象中得到说明。

1. 无论在欧美还是东亚的日本、"四小龙"和中国，随着经济发展，家庭选择生育更少的孩子，家庭规模比收入增加前反而缩小。

2. 富裕家庭生养的小孩数量小于贫穷家庭。与贫穷家庭相比，富裕家庭的父母一般有较好的职业和较高的收入，以及舒适的生活事业环境，如果想多养孩子，那么就需要支付巨大的机会成本。虽然富人的收入高过穷人，但因养育子女的相对价格同样高过穷人，而且替代效应大于收入效应，富裕家庭就会生较少的孩子，贫困家庭则倾向于多生孩子。

父亲还是母亲提高了工资？

从社会的角度看，家庭收入的上升多靠工资性收入的增加。在收入效应小于替代效应的情况下，随着家庭收入的增加，生养小孩的数量会随之减少。但具体到家庭成员工资收入的增加对生养小孩数量的影响，我们需要区分是父亲还是母亲的收入增加了。

母亲的时间价值是生儿育女总成本中的主要部分，如在1970年代的美国，母亲的时间成本占总成本的2/3左右。因此，父母时间成本上升对生育率的影响是不同的。贝克尔在《家庭论》中就这样写道："在过去一个多世纪里，发达国家妇女赚钱能力的提高是已婚妇女劳动力参与率大大增加和生育率大幅度下降的一个主要原因。相对而言，父亲花在孩子身上的时间微不足道，其赚钱能力的提高对孩子成本并没有明显的影响作用。事实上，与孩子使用的其他商品相比，如果他们占用父亲的时间相对较少，那么，父亲赚钱能力的提高会减少孩子的相对成本。"

家计调查提供了对孩子需求和夫妻时间价值之间关系的直接证据。孩子的数量与妻子的工资率或妻子时间价值的其他度量之间有强负相关关系，而与丈夫的工资率或收入往往有更强的正相关而不是负相关关系。

值得注意的是，贝克尔只是用"相关性"而不是用"因果关系"来形容收入与孩子数量之间的关系。因为母亲"时间价值高"，所以"少生"仅仅是一种可能的因果关系。反向推理同样成立。当家庭中子女的数量较多时，妇女在市场技术方面投资减少，家庭技术方面投资较多。这反映在工资率上就是妇女的市场工作报酬减少，男性则刚好相反。

由此可见，同样是工资的增加，因父亲照顾小孩的时间较少，收入效应大于替代效应；而母亲照顾小孩的时间较多，替代效应大于收入效应。因此，父亲收入增加会提高家庭意愿生养小孩的数量，母亲收入的增加会减少家庭意愿生养小孩的数量。随着社会的发展，适合女性的职业增加，女性劳动参与率上升，其对家庭收入的贡献的增加率大于男性。这就造成上述的意愿生育数量随家庭收入增加而下降的现象。

本文开头这两句看上去相互矛盾的话其实反映的是夫妻双方收入变化对意愿生育率的不同影响。第一句话应该是丈夫对妻子说的，而第二句话应该是妻子对丈夫说的。

工作与生育

第 31 节

生男还是生女？

——性别选择和性别比失衡的经济学

乃生男子，载寝之床。

载衣之裳，载弄之璋。

其泣喤喤，朱芾斯皇，室家君王。

乃生女子，载寝之地。载衣之裼，载弄之瓦。

无非无仪，唯酒食是议，无父母诒罹。

——《诗经·斯干》

生男生女问题，一直是困扰国人的一大心病。重男轻女现象至今难有改变，尤其是在广大的农村地区。

经济学认为，生男生女同样面临着成本和收益的考虑，在无法人为选择生男生女的情况下，溺（女）婴、重男轻女等行为就会出现，而在人可以通过技术手段选择婴儿性别时，男女的出生性别比就会失衡。无论在中国还是韩国均可以发现这一点。

为什么在中国传统农业社会人们会比较喜欢儿子而不是女儿呢？我们需要为中国高得惊人的男女性别比做点什么吗？本节我们将从生养后代的成本和收益开始，分析生男还是生女的抉择。

生男生女的成本收益分析

经济学认为，生男还是生女的选择取决于父母成本收益的权衡。具体而言：

1. 子女是一种心理收入或满足的来源。从这个视角看，生男生女各有优势。从一般的概率来讲，女孩的乖巧带来的便利和愉悦会超过男孩。但在古代社会，女性并无法在社会上建立事业，而且社会上重男轻女的舆论和风俗会降低女孩给家庭带来的喜悦。从这个视角看，生男给父母带的心理收入和满足一般会强于生女。

2. 在古代农业社会，女性缺乏谋生手段，一个女性很难在世界上单独生存下去，因

129

此，女性对男性存在着很深的依赖性。从养儿防老的视角看，生儿子意味着有可能得到儿子和媳妇对自己老年的照顾。但由于女儿本身就依赖丈夫，所以，女儿更多的是为父母提供情感沟通和日常生活照料等辅助性的帮助，得到女儿跨期回报相对较小。中国有句古话——"嫁出去的女儿，泼出去的水"，讲的就是女儿跨期保险功能不如儿子。

"不孝有三，无后为大。"在这里，无后并不意味着没有后代，而是指没有儿子。中国传统文化认为祖宗没有人祭祀是无后的最大灾难。其实，从经济学的视角看，没有儿子首先意味着跨期保险的失败，其后果就是无法在生存的第三期老年获得足够资源保证自己的生存。以敬祖的名义促使年轻夫妻注重未来的养老问题，可能就是敬祖文化背后的经济理性。

3. 生养孩子的第三个功能是孩子到一定年龄之后，可以参加劳动，给家庭带来收入。在传统社会，男性在体力上具有优势。在这一点上，生养女儿的收益还是不如儿子。"时至今日，对劳动力尤其是男劳动力的需求，仍然是农民要生孩子（特别是男孩）的一个强烈动机。"（李银河：《生育与村落文化：一爷之孙》）

王文卿和潘绥铭（《男孩偏好的再考察》）将上述生育动机归纳为以下几种：(1) 传宗接代；(2) 养老保障；(3) 壮大家族势力；(4) 提供劳动力；(5) 情感需要；(6) 人生的终极目的；(7) 面子；(8) 期望孩子实现自己的未竟的理想。很明显，从生育动机而言，生育男孩的收益要高于生育女儿。

从生养的成本来看，即使儿子要较女儿贵，但这两者的差距相差不大。因此，基于成本和收益的考虑，在传统社会，人们喜欢生养男孩也就成为一种理性的选择。波斯纳就这样总结道："对男孩的偏好往往出现在一些以农业为主导、社会保障体制落后、依靠个人力量保护人身和财产权利的社会。"（《反常识经济学》）

父母对儿子的偏好甚至会影响婚姻的稳定性。如经济学家实证结果发现，在美国，生养一个女儿的家庭，离婚率会比生养一个儿子的家庭高出 5％；在越南，甚至会高出 25％。（史蒂文·兰斯伯格：《性越多越安全》）因此，重男轻女并不是中国特有现象，即使在现代社会仍普遍存在。如美国民调公司盖洛普最新发布的一项民调显示，1020 名美国成年人被问及如果只能要一个孩子，更想要男孩还是女孩时，40％的人选择男孩，28％的人选择女孩，剩下的人表示无所谓或者不表态。自 1941 年以来，盖洛普做过 7 次类似的民调，每次都是想要男孩的人更多。（《南方人物周刊》，2011 年 7 月 4 日）

"关于性别偏好的所有证据表明，绝大多数人更喜欢性别的多样性——既有男孩

赌

也有女孩——而不是强烈地偏好于某种性别。"（贝克尔和波斯纳：《反常识经济学》）
真佩服中国古人的智慧，"好"字有"女"和"子"两者构成，"儿女双全"为"好"。
尽管单纯考虑生养一个男孩或女孩的成本收益，选择生养男孩也就成为不少家庭理性
的选择；但在已经有男孩的情况下，男孩的边际效用快速下降，要一个女儿，实现儿
女双全成为不少家庭的理性选择。因此，在没有生育管制的情况下，父母会基于自己
的偏好，选择一定数量的男孩和女孩，而两者间的比例也会保持比较好的状态。

　　但当国家采取政策控制生育数量，尤其是严格的独生子女时，对男孩的偏好导致
父母采取各种手段，如选择性流产，促使生育的为男孩；对于年幼的小孩的照顾程度
也存在性别差异，使年幼的女童的死亡率远高于男孩（人口学上将这些未出生的或早
夭的女性定义为"失踪女性"）。这就造成男女性的性别失衡。这种现象在中国和生育
管制时期的韩国均可以发现。即使国家实施"关爱女孩"等活动干预男女性别比，也
无法实现恢复正常性别比的目标，因为这些政策的力度不足以改变父母生男生女的成
本和收益。即使国家规定不能用 B 超等手段探测婴儿性别，医生也可以通过面部表情

131

等手段向父母传递相关信息。

尽管如此，随着社会保险制度的完善、孩子受教育年限的增加及女性赚钱能力的提高，不少人，尤其是一些城市人，开始颠覆我国传统的重男轻女的思想。在养老钱不存在问题的情况下，有些人更加重视养老的质量，认为女儿比儿子贴心[1]，也就产生了对女儿的偏好。更何况一些研究还表明，在中国城市，"已婚女性不但不比已婚男性给父母的支持水平低，反而是给予的相同或更多"。养儿防老变成了养女防老。

市场机制与中国男女性别失衡

现在中国的男女性别比已经达到了 123：100，远远高于正常的生物学比例——106：100，这就意味着有一批单身男性将无法组建家庭，给社会的稳定造成了一定程度的消极影响。中国男女性别失衡及其干预机制是近期社会科学界关注的重要问题之一。对此，经济学是怎么看待这个问题呢？

从经济学的视角看，以看不见的手为特征的市场机制能自发地改变中国的男女性别失衡问题，而这种机制现在已经开始发挥作用。

在一夫一妻制和男女性别比正常的情况下，一个萝卜一个坑，基本上每一个适婚的男性和女性都能找到适合自己的异性进行婚配，婚恋市场近乎完全竞争市场，无论是男性还是女性，都无法取得垄断利润。但当由性别偏好选择出来的男子们到了娶妻之时，将会遇到新娘的"短缺"，这就加剧了婚恋市场上男性对女性的竞争，也使女性在该市场取得一定的垄断地位。男性之间的竞争抬高了女性的价格，魏尚进的竞争性储蓄和未婚女（和丈母娘）抬高房价就说明了这一点。记得我女儿刚出生的时候，一些朋友给我发短消息表示祝贺，恭喜我生了个"招商银行"——"生儿子是'建设银行'，生女儿是'招商银行'"，充分说明了生男生女成本的变化。正是性别失衡在婚恋市场上导致女性价格上升，减少了生儿子的相对收益，增加了生女儿的相对收益。而相对收益的变化也对父母生儿生女的意愿产生积极的影响，减少了父母对男性的偏好，促使中国性别失衡问题得到缓解。英国的金融时报就报道，城市化和高房价改变了中国家庭传统的"重男轻女"偏好，越来越多的父母表示他们更愿意选择生女儿。

---

① 康有为《大同书》："吾意则欲得女而不欲得男。盖男既长则游，既娶则绝，无同居侍奉之道，无迎养欢娱之日，尚不若女。"

由此可见，在人为性别选择和性别失衡的情况下，出生的女孩数目会更少，在市场竞争的作用下，她们的境况会更好；而想生女儿的父母也会因为生育女儿的回报率更高而对其女儿更好。因此，男女性别比将提升存活下来的女性的福利水平。

"由于女孩数量的相对下降，女性地位也随之提高。从长远来看，父母将越来越喜欢女孩，这就从某种程度上调整了性别比例"。（贝克尔和波斯纳：《反常识经济学》）因此，我们可以认为，性别比失衡问题是一个短期问题，不会对中国社会造成比较长久的影响。但我们也不能忽视性别失衡对现阶段婚恋市场的影响，因为通过市场机制扭转性别失衡现象至少需要一代人的时间。而在扭转性别比失衡的过程中，男性的平均结婚年龄将会提高，女性的平均结婚年龄降低，已婚男性的比例减少，已婚女性的比例增加，从而给社会造成一定程度的不利影响。

因此，男孩偏好是父母权衡生养成本收益后的结果。男女性别比的失衡在短期内会冲击婚恋市场，提高女性的价格。但从长期看，在市场机制作用下，父母会改变男孩偏好，促使性别比向正常水平回归。

第 32 节
边际人口与溺婴

吾有疏亲，家饶妓媵，诞育将及，便遣阍竖守之。体有不安，窥窗倚户，若生女者，辄持将去；母随号泣，使人不忍闻也。

——颜氏家训

（一）

作为爱书者，一些好书我曾经购买多本用于送同好的朋友，其中送出去最多的一本为 2009 年出版的《西洋经济史趣味》。这本由台湾清华大学经济系教授赖建成所作的西方经济史教科书，并不是我们常见的西方经济发展史的简单介绍，而是将一些用经济学分析方法研究历史的经典学术论文作了细致的梳理。从与文章相关的背景知识到论文的分析逻辑，从对论文优缺点的评述到相关文献的详细来源，均现作者的独具匠心。尽管不少文章曾经在以前接触过，但将这些文章放在一起，还是给人带来强烈的震撼。通过简单的经济推理，这本书将一些我们习以为常的历史现象给予新的解释，手起刀落，干净痛快。

在《为什么欧洲要杀巫者》一文中，赖教授介绍了 Emily Oster 所写的一篇论文。该论文通过历史上气候的变化与被杀巫者人数之间的相关性，得出欧洲以宗教名义大规模杀巫的经济原因在于"气候转入小冰期，农获减少。在粮食短缺的情况下，必须去除生产力最低的穷人、老人、寡妇。社会给这些边际人口的罪名，就是宣称这些代罪羔羊为巫者"。

边际人口，这个概念，无论非经济学者还是经济学者，都比较难以接受。人生而平等，谁也没有权利将某类人定义为边际人口，并以种种名义剥夺其生命。但从社会的角度看，每一个人的价值是不一样的，当社会无法保证所有人能生存下去，以种种名义规定价值不同的人的死亡顺序乃是不得不为之的选择。

就像 1998 年的大洪灾，为保护人口稠密的大中型城市，政府不得不向人口相对稀少的城镇开闸放水，以较少生命和财产的损失来保住更多人的生命和财产，即使一向对我们非常挑剔的西方媒体，也没有对此做法提出任何异议。其实，在任何国家，为保护沿江的大城市，均规划有泄洪区，以便在发生洪涝灾害时，通过泄洪区泄洪，减轻洪水对大城市可能造成的伤害。这些规划中的泄洪区，就是该流域的边际地区，即在可能发生重大洪涝灾害时，需最早被牺牲的区域。

那么，在中国历史上是否也有人为规定边际人口的制度呢？研究历史难就难在"说有容易说无难"。从作者有限的历史知识看，中国传统社会从总体上看是一个流动性较强的社会，通过科举等形式，基层民众可以实现"朝为田舍郎，暮登天子堂"的目标。而一个流动性较强的社会，不可能和僵硬的等级制度相兼容。无论是本土的道教还是外来的佛教，均有众生平等的主张，而儒家老有所养和敬老的主张也使得在其他不少地区经常被作为边际人口处理的老年人口在中国社会得到国家政权和社会的保护。因此，我们可以这样理解，在中国古代，很少有长时间、大规模的以国家、社会或宗教名义处理边际人口的现象发生。

但在历史上，中国也是一个多灾多难的国家。当一个社会出现粮食不足的现象时，如果边际人口没有被处理，对整个社会的生存会有不利的影响。那么，中国的边际人口在那里呢？是如何处理的呢？其实，中国的边际人口是家庭内部自发选择的结果。当社会出现粮食不足的现象时，社会上总有一批家庭会出现无法养活全部人口的情况。中国敬老的孝道传统使老人很少成为家庭内部选择的边际人口；强壮年当然不可能是家庭内部选择的边际人口——如果他（她）们成为边际人口，即使老年和婴幼儿能躲过该灾难，也同样无法在未来生存下去。因此，婴幼儿成为家庭内部比较可行的边际人口。又因在传统的农耕社会，男性的价值高于女性，幼年女童和女婴就成为粮食不足时家庭自发选择的边际人口，"遇到灾难把孩子送人或卖掉的，首先也是女孩子"。(张国刚主编：《中国家庭史·第三卷·宋辽金元时期》)

处理作为家庭边际人口的幼年女童和女婴的方式有多种，如弃养、送个别人做童养媳、溺婴等。但作为社会而言，通过童养媳等形式生存下来的女童和女婴并不是边际人口，溺婴、因弃养而死亡的女童则是社会的边际人口。在费孝通的《江村经济》中，我们就可以知道，童养媳和农村经济萧条相联系。李中清和王丰的研究《人类的

可怜的女儿

四分之一：马尔萨斯的神话与中国的现实》也表明，经济周期与溺婴，尤其是溺女婴
现象之间存在很强的关联性，这均在某种程度上说明婴幼儿，尤其是女童和女婴作为
家庭边际人口的事实。

（三）

溺婴，在一般人的想法中是一种非常不人道的做法，因为它剥夺了刚出生婴儿的
生命。但从社会生物学等学科的视角看，溺婴的存在有其合理性。在古代社会，人们
并无法通过避孕或流产等手段自由地控制生育。这容易使小孩的数目超过家庭最优的
小孩数目，对家庭收入甚至其他成员的生存造成负面影响。通过溺婴等手段，节省了
该婴儿可能消耗的资源，供其兄弟姐妹使用，有助于其兄弟姐妹的成长并提升他们的
质量。"因为在一个贫穷社会中，一个妇女的孩子越少，这些孩子就越有可能活下来，
长大成人。"（波斯纳：《性与理性》）李中清和王丰就发现："这些为了限制孩子数量而
决定溺婴特别是溺女婴的中国家庭，还采用新的能够获取的小儿照料方法来使幸存的

136

孩子，特别是其女儿，得以生存。"（《马尔萨斯模式与中国的现实：中国 1700～2000 年的人口体系》）

那么，为什么被溺杀的往往是女婴呢？其实，不仅仅是溺杀，父母在资源配置方面，对男婴和女婴也有着区别对待。如在中国农村，即使到了现在，当男孩生重病时，父母会倾家荡产给予医治；而对于女孩，则往往听天由命。在其他方面，如教育投入，食品配给等，也呈现两性间的显著差异。这就说明父母在资源的分配上给予男性后代的要多于给予女性后代的。甚至对稳定婚姻而言，生养儿子要比生养女儿婚姻的稳定性更高。溺女婴只是在极端条件下父母对子女不同评价的集中体现。

其实，父母在两性后代间资源配置的不均衡不仅仅反映在人类上，在动物世界同样如此。因此，我们在分析此类现象时，离不开生物经济学的视角。

生物经济学认为基因的繁衍是生物的最终目的。相较于雌性，雄性生育能力较强——一个雄性就可以让很多的雌性怀孕，而雌性的生育潜能则受到限制。同样是养育一个后代，生养雄性更有可能保存和延续父母的基因。因此，一个能够获得更多母乳的雄性后代可能比雌性后代长得更强壮，更有竞争力，更有可能繁衍大量的后代，从而更有效地复制父母的基因。人类社会同样如此。

在传统社会中，抚养男孩和女孩的成本差异不大，但长大成人的男性能独立在社会上生存，而女性则依赖男性才能生存。从养老保障的角度看，将资源配置于男孩也成为一种理性的选择。

溺女婴尽管是家庭的自发行为，但该行为有着广泛的社会影响。如在前现代社会，技术进步缓慢，过多的人口构成社会承重负担，溺婴减少了社会总的人口数，提高了其余人口的社会福利。而又因溺女婴造成的男女性别比的失衡增加了存活下来女性的福利，又因人口增长率取决于女性而不是男性的数量，因此，溺女婴不仅仅降低了现存的人口数量，也减少了将来可能的人口增长率，这对于维持人口平衡具有重要意义。

第33节

养狗、移民和二奶的另类解读

——计划生育政策对家庭行为的影响

中国实行计划生育政策已经有30余年了，该政策也深刻地影响着中国人的行为和思想。我们现在已经习以为常的一些现象可能和计划生育政策之间有着紧密的联系。本节试图应用管制理论建立起中国当代一些现象与计划生育政策之间的联系。

养 狗

在现代城市，在人山人海中，也出现了狗山狗海的现象。对于这种现象，一些学者从现代人精神缺乏依托等角度分析饲养狗猫等现象，而一些经济学家则明确地将养狗和中国的计划生育制度联系起来。如张五常就针对香港名狗屡屡遭窃，联系到中国内地对名狗的大量需求，并认为造成这种现象的重要原因是中国的计划生育政策。[①]为什么养狗和猫等宠物和计划生育之间存在紧密的联系呢？让我们从狗猫与小孩之间的相似性说起。

生养过小孩的父母都知道，生养孩子是一件痛并快乐的事情。经济学家将小孩给父母带来的这种快乐定义为玩具效应，即小孩作为一种耐用消费品，像玩具一样，可以给父母带来快乐，而这种快乐作为生养的收益纳入生养小孩成本收益的抉择过程中。现在因为计划生育政策，本来准备抚养两个小孩子的父母只能生养一个，因此，孩子给父母带来快乐的边际收益超过为此所付出的边际成本，生养孩子的市场并没有处于均衡状态。怎么办？既然国家的政策不允许我们抚养小孩，那么人们就养同样具有玩具效应的宠物，如狗和猫等，以替代小孩子。我们可以将这种现象形象地描述为"狗吃人"。

由此也可见计划生育政策的不合理性。实施计划生育政策的重要理由是中国的人均资源不足，即资源无法承担起庞大的人口，但从现实看，中国人在无法养人的情况

替代

下开始养狗。尽管狗和小孩都具有玩具效应，但长大后的人可以成为生产力，而狗永远不会成为生产力。如果以饲养十只狗所耗费的资源等于将一个小孩养大的资源计算，中国在不影响现有人生活水平的条件下，还能养大多少个小孩？

移民、二奶

管制意味着市场的失衡。面对这种失衡，理性的人会突破管制，使市场重新恢复到均衡状态。但突破管制的方式复杂多样，甚至到我们无法穷尽的地步。一个人会采取哪一种方式突破管制，取决于其约束条件下的成本和收益考量。只有当事人才能做出符合理性的选择。移民和包二奶与养猫狗一样，只是其中的突破方式而已。

中国向外移民也是社会关注的焦点问题，在中国具有很高地位的南方周末曾经出专版讨论中国的移民问题。其实，移民就是用脚投票的过程，是一些有钱有能力的人突破生育管制的重要方式。

在中国社会，有钱也无法生养小孩。即使你有钱去交"社会抚养费"，为已经出

生的小孩子上户口，但如何让已经怀孕的妻子顺利将小孩子生下而不被计生部门发现？如果你有公职，只要被发现计划外生育，公职就会被开除。当然，如果你有足够的能力通过造假等手段拿到生育指标除外。但在西方发达国家，生养小孩有大量的政府补贴，生得越多，补贴越多。其理由是生育具有正的外部性，生育数量如果仅仅依靠父母的选择，会让生育数量低于社会最优生育数量，需要政府补贴以减少父母生养不足的现象，因此，生得越多越光荣。

一方是为国生养还要缴纳罚款，还会老鼠过街人人喊打，一方是生养有良好的社会福利，还是光荣妈妈的成就感，要是你，会选择哪个？但能够移民国外的往往是在移入国同样有生存能力的人，尤其是高水平的技术人才。因此，计划生育对中国脑力外流起着推波助澜的作用。

现在，在中国的一些省份，开始实行一方是独生子女可以生养二胎。可以预见的是，一些一方是独生子女的父母会移民到开放二胎的省份，而具有迁移能力的往往是没有开放二胎的中西部有能力迁移的人，这些同样是中西部需要的人才。因此，除非该政策同样在中西部放开，否则，开放生育管制的试点将会对正在紧锣密鼓进行中的中部崛起和西部大开发造成不利的影响。

二奶？对，二奶是没有小妾名分的小妾。在中国古代，买妾重要的一个目的是生养。例如，中国历代法律大多规定男人到了一定年龄，如40岁，仍无子就可以买妾。因此，妾在一定程度上是与生育子女联系在一起的①，这一点同样体现在一些人包二奶身上。如网上曾经出现过一个帖子，是一个温州老板的妻子发帖帮助自己的老公高薪找二奶，原因在于自己只是生了一女儿，希望二奶能帮老公生一个男孩。尽管在家相夫教子的妻子数量有所增加，但毕竟大多数妻子具有稳定工作，在这种条件下，超生被发现的风险很大。而随着社会的进步，未婚先孕等成为比较常见的现象，借腹生子被发现的概率反而要小于生二胎，这也正是一些人包二奶的原因。

由质量对数量替代所造成的失去快乐的童年，中国高得惊人的储蓄率，失衡的性别比……计划生育管制影响着中国家庭的方方面面，是该放开生育管制，让市场自由发挥作用的时候了。

---

① 郭松义认为娶妾的目的有五个，其中一个是"生育儿子，繁衍后代"。详见余新忠：《中国家庭史·第四卷·明清时期》，广东人民出版社2007年版，第100页。

第 34 节

生育管制、生命周期
理论和中国的外汇储备

控制人口的政策，改变了中国家庭对储蓄、投资、消费的选择，引致了超高的储蓄率、大量的贸易顺差，也带来了人民币"低估"的争议。

——郭誉森

近几年以来，关于计划生育政策的争论又起，学者们对中国是否应该放松乃至取消计划生育作了大量的分析。例如，《经济学家茶座》就在第 35 辑发表了徐昌生老师的《百姓的自主生育妨碍了国家的强大吗?》，在第 41 辑发表了邹至庄教授的《中国的人口问题解决了吗?》。作为一名关注和推广经济解释的青年教师，与计划生育政策此项管制相关的经济社会现象是本人关注的重要问题之一。本文就从生育管制及其突破为分析的出发点，分析中国现阶段一系列经济社会现象与计划生育政策之间的关系，以供各位品鉴。

一、无管制下的父母生养行为

从本书"你愿意生养几个小孩?"这一节中，我们可以知道，作为人类行为之一的生养行为，也受经济法则的支配，即生育几个小孩子取决于父母对生养小孩的边际成本和边际收益的权衡。其中生养小孩的收益主要为"玩具收益"、货币收益和养老收益，成本由直接成本和间接成本所构成。

值得注意的是，父母对小孩的投资既包括数量也包括质量，而且以教育为代表的质量投资对小孩的未来收入，进而父母的养老有着重要影响。综合考虑对小孩的数量和质量投资，应用边际法则，我们可知，当父母在思考需要生养多少个小孩和给每个小孩子多少教育投资时，将最后一单位的货币用于增加小孩子数量所带来的收益等于将其用于提升现有小孩质量所带来的收益时，就是其质量和数量的均衡解。由此可以推论出，自 19 世纪以来，西方人口出生率不断下降，但其父母对小孩的教育投资却不

投资过度

断增加的原因在于，随着生养小孩成本的增加，投资于小孩数量的边际收益减小，投资于质量的边际收益开始大于投资于数量的边际收益，理性的父母会减少小孩数量的投资，增加对小孩子质量的投资以促使小孩子数量和质量之间重新恢复均衡。贝克尔就这样描写数量和质量之间的替代关系："当投资于孩子日益成为一种长期的、昂贵的投资时，人们开始相信：也许集中时间和精力于一个或两个孩子身上更能得到养育孩子的感情回报。"

进一步思考生养小孩的跨期保险，我们可以将其和生命周期理论结合起来分析。生命周期理论认为人是按照其一生的收入来安排消费的。因此，在小孩和老人时期，收入小于消费，此时，是靠父母（在孩子时期）和青壮年时期的储蓄（老人时期）生活。而在青壮年时期，收入大于消费。因此，一个理性的人会在青壮年时期将收入大于消费部分用于投资，累积一定的财富用于其老年生活。而在个人的投资决策中，我们需将投资广义化，将收入大于消费部分用于储蓄、购买股票和房地产是投资，将收入大于消费部分用于生养小孩和对小孩子进行人力资本投资同样也是一种投资。理性的个人会投资孩子到如此程度：将风险、玩具效应等因素都折算成货币，投资于小孩（包括数量投资和质量投资）的预期回报率等于投资于股票等金融资产的回报率。

由此理论可以得出很多好玩的结论，如：孩子反哺报恩的奉养越多，则父母养育孩子的数量会增加；只要一个人决定要活到老年期，则当孩子的夭折率越高，其生养的孩子数目就会越多；当医药科技不发达时，父母可能因为自己活不到老年而减少抚养孩子的数目；社会保障体制愈完善，对孩子的需求就愈低；如果子女愿意将固定比例的收入反哺报恩，而教育支出能够增加孩子的技能与所得，则父母愿意节衣缩食以供养孩子深造……

由此可知，在无生育管制的情况下，父母对生养小孩数量的选择取决于生养小孩边际成本和收益的权衡；生养小孩数量和质量之间存在均衡解；从反哺的角度看父母对小孩子需求，小孩和储蓄、股票等金融工具一样，需求的数量和质量取决于预期投资回报率。

二、计划生育与人力资本过度投资

从上述分析可知，生养小孩的数量与对小孩进行质量投资的收益乃至金融资产的投资回报率紧密相连，即对小孩进行质量投资的收益和金融资产的投资回报率的变化影响着父母意愿的生育数量。计划生育政策作为一种对生养小孩数量的管制，会对家庭的教育投入、消费和投资行为等产生重要的影响，而这些影响的加总，就会影响一个国家的储蓄、进出口和外汇储备。

假设某代表性家庭在无生育管制下愿意生养小孩两名，但按现行的生育政策，其只能生养小孩一人。在此情况下，该代表性家庭的消费和投资行为会做怎样的变动呢？

因为不能生养第二胎，该家庭不得不将本来准备用于生养第二胎的钱用于第一个小孩的质量投资和金融资产投资。因为小孩的质量和金融资产均为正常品，所以，该代表性家庭对两者的投资数量均增加。

先分析计划生育导致的质量对数量的替代。在现实生活中，这样的现象比比皆是，下面举两例。

（1）奥数、钢琴等课外班多到让小孩子无法承受的程度。如果该代表性家庭有两个小孩，那么其会让有数学天赋的第一个小孩学奥数，而让第二个小孩学习陶冶情操的钢琴，以实现对小孩质量投资的最优回报。但因该家庭只能生养一个小孩，为了让小孩子"不输在起跑线上"，该家庭不得不让其小孩既学奥数又学钢琴，投资回报率也不得不随之下降。我们可以将这种现象称为对小孩子人力资本的过度投入。

（2）就抚养小孩的成本而言，在农村远较城市便宜。在没有生育管制的情况下，不少家长会理性地选择让小孩在抚养成本较低的农村长大。但计划生育导致了质量对数量的替代，不少父母不得不让小孩子在抚养成本较高的城市长大。与此推论有关的经济现象是，和城市中小学入学难相对应的是农村的中小学在不停地撤并关。造成这种现象的原因当然与城市化有关，计划生育政策所导致的质量对数量的替代也在其中起着重要的作用。

看到这里，也许不少的朋友会问：对小孩子进行人力资本投资和在教育相对发达的城市抚养小孩子有利于提高小孩子素质，政府对人口数量的管制应该是对的呀！对于这个问题，我们可以从以下两个方面进行回复：第一，在没有生育管制的情况下，该家庭也可以生养和生育管制下同样数量的小孩，在抚养成本较高的城市抚养长大，并对此进行相似的人力资本投资，但在计划生育政策下该家庭无法选择。可见，对于该家庭的福利而言，选择生养两个并有针对性地进行人力资本投资要比只生养一个大。第二，就像污染治理并不是让社会没有一点污染，而是找到污染的边际收益等于边际成本之点一样，对小孩子的人力资本投资同样存在着边际成本等于边际收益之点，而人口的数量管制使得对人力资本投资的边际成本大于边际收益，出现对小孩人力资本的过度投资。

三、计划生育与中国外汇储备

中国的高得惊人的储蓄率和庞大的外汇储备是中国现阶段讨论比较多的宏观经济现象，这是否也和计划生育政策有关呢？诺贝尔经济学奖获得者莫迪利阿尼曾以其发展出来的生命周期理论为基础，结合数据，认为中国高得惊人的储蓄率可以归因于中国的计划生育政策。

因为数量管制，我们无法生养合意的小孩数目，不得不通过投资于金融资产来为自己养老。而在中国缺乏多样性金融工具的情形下，储蓄成为中国人不得不为之的选择。

又因国内并无法消化如此高的储蓄率，不得不将大量的储蓄投资于国外，成为中国的外汇。因此，我们可以将中国的外汇储备看成现阶段劳动力将来的养老钱。因为计划生育，现有的劳动力无法通过自己抚养小孩养老，不得不将钱借给出生率高的美国老百姓生养小孩，等到自己老的时候，再从美国老百姓手中将钱取回。估计到那时，中国要担心的将是外汇储备的不断下降，而不是不断增加。因此，因为人口管制，我们不得不通过帮别人养小孩的形式为自己提供跨期保险。前几年，以美国为首的欧美国家以中国外贸顺差过大，外汇储备过高为由要求人民币升值。其实，美国政府错了，没有中国商品源源不断地送往美国，美国能以这么低的成本生养小孩，还能保持如此高的出生率进而成为西方国家中唯一没有出现人口增长率过低的国家吗？

在金融危机的阶段，我国政府不断想通过刺激消费来促进国内经济的复苏。但关键问题是中国老百姓储蓄的钱是自己将来的养老钱，家电下乡、购买补贴等政策并无法解决我们未来的养老问题，政策的有限性也就可想而知。中国的内需不足问题的解决一定要和中国的养老问题的解决同时进行。

不少学者提出中国应该通过完善社会保障体系来解决养老问题，但该命题是一个伪命题。原因有二：第一，百姓可以通过自己理财的形式给自己养老，也可以通过把钱交给社会保障体系，由所谓的机构投资人帮我们理财。问题的关键在于自己理财，亏的和赚的都是自己的，以我为代表的老百姓会非常小心，而机构投资人所拥有的钱来自百姓，亏了由老百姓承担损失，赚了自己则能得到巨额分红，他会像我们自己一样小心投资吗？第二，即使社会保障制度是由关心他人福利胜过关心自己福利的社会精英所掌控（这是不可能的!!!），但社会保障制度养老机制基本是一个隔代养老的机制设计，计划生育制度并不仅仅是管制某一家的生育数量，而是对社会家庭所有家庭生育数量的管制，隔代养老的机制设计在现有的生育水平下将无法持续。

从生命周期理论看，放开生育管制，则可以从以下两个方面促进消费，减少储蓄进而减少外汇储备：第一，在放开生育管制的情况下，一些受计划生育政策影响无法生育第二胎的夫妻会集中生育第二胎，出生、奶粉以及婴儿衣服等会对现阶段的居民消费产生积极的拉动作用；第二，在放开生育管制的情况下，夫妻既可以通过自己的小孩养老，也可以通过具有可持续的社会跨期保障养老体系得到养老，他们也愿意增加现期消费。

因此，计划生育政策改变了中国人投资和消费的比例，造成了宏观经济失衡。而随着计划生育政策的继续实施，对中国宏观经济波动和长期经济增长的负面影响也将加剧。

第 35 节

为什么会有人离婚？

人之性，本是多婚的，男女皆然，所以爱情很难持之永久。即使结婚之时，纯出两情爱慕，绝无别种作用，掺杂其间，尚难保其永久，何况现在的婚姻，有别种作用掺杂的，且居多数呢？欲救夫妇道苦之弊，与其审慎于结婚之时，不如宽大于离婚之际，因为爱情本有变动，结婚时无论如何审慎，也是控制不住后来的变化的。

——吕思勉：《中国通史》

现代社会离婚率越来越高这个现象引起了社会的广泛关注。以中国为例，在 1990 年，有 951 万对夫妻结婚，但有 80 万对离婚。1995 年，这两个数字分别变为 934 万对和 105 万对；2000 年，这两个数字已经变为 848 万多对和 121 万多对；2008 年的比例则更为惊人，结婚为 1098.3 万对，离婚则为 226.9 万对。而根据民政部的最新数据，2011 年第一季度，我国有 46.5 万对夫妻离婚，较去年同期增长 17.1%，平均每天有 5000 多个家庭解体。北京和上海的离婚率已经超过 1/3。

作为最亲密的两个人，为什么现代人会有越来越多的人选择快速完成婚姻三部曲：相敬如宾——相敬如冰——相敬如兵呢？

理性的个人总是在既定的约束下，尽可能地选择最合适的婚配对象，以实现婚姻效用的最大化。只有当潜在的夫妻权衡组建家庭的成本与收益，得出结婚的收益大于总成本时，才会最终做出结婚的选择。为什么不少经过理性选择的婚姻当事人会在婚后作出离婚的选择呢？这是否意味着当事人最初结婚的选择是非理性的呢？

经济学认为，人们结婚是为了取得结婚的收益，离婚是因为他（她）发现结婚所取得的收益小于婚前预期，这就可能使继续保持婚姻成为得不偿失的行为。因此，离婚和结婚均基于当事人的理性选择。

结婚所取得的收益小于预期的原因为何呢？

第一，不完全信息。人们结婚是为了取得合作的利益，但结婚也要承担家庭内合作的成本。人们在结婚前，是否结婚的考虑是基于现有信息下结婚成本和收

后　悔

益的考虑，而在信息不完全的情况下，现有信息并不足以保证人们预期的结婚收益能顺利实现，"孽缘"或者不幸的婚姻也随之产生。造成信息不完全的因素有以下几种：

（1）尽管人们会在结婚前会对结婚对象进行大量的调查，如约会和婚前同居等就是了解对方的方式。但婚前得到的信息不一定正确，且对方的一些隐性特征无法通过婚前约会和相处得到，如一方有隐疾等。与此同时，在婚恋交易过程中，男女双方通常会竭力向对方展示自己的优点而隐瞒自己的缺点，如一个脾气很暴躁的人会在恋爱时表现出足够的温柔和耐心，从而使对方拿到的信息失真。

不少人看过电视连续剧《不要和陌生人说话》。作为女方事先根本就无法想象一名受人尊敬的医生，一个文质彬彬的男人，竟然是一个关起家门打断妻子肋骨，打死未出生孩子的家庭暴力实施者。

（2）没有信息是免费的。在寻觅最佳配偶的过程中，需要花费时间、精力和其他昂贵的资源。寻觅的时间越长，花费的成本就越大，从婚姻中得到的好处就越少。一

个理性的人会通过两条途径来继续寻找更好的配偶：一条是对新增候选人的"边际扩张"；另一条途径是对自己感兴趣的候选人增加信息的"边际深化"，直到边际成本与边际收益在每个边际上都相等为止。而当一个理性人通过边际寻找最终发现并确定了较好的候选人，他（她）就会选择结婚，因为在此时，继续寻找的边际成本会超过边际收益。但最优的信息并非等于完全信息，按最优信息确定的结婚对象也许并不是最优的。（贝克尔：《家庭论》）

（3）婚恋市场上的道德风险。一个在婚前既不喝酒，又不抽烟的好男人，可以在婚后觉得老婆已经到手了，变得既喝酒又抽烟；一个婚前淑女，可能在婚后对自己的穿着打扮不在意了，或者在言语行动上没有那么温柔体贴了。

从现有的数据看，结婚后的前5年是婚姻的危险期，原因就在于婚前所无法了解的信息经过几年的婚姻生活后开始显露。基于此，贝克尔认为："婚后不久就出现的婚姻破裂，主要是由于婚前市场信息的不完全性以及婚后信息的充分累积所造成的。"（《家庭论》）因此男女因不了解而结婚，因了解而分手。

但在随后，婚姻就进入稳定期，原因部分在于信息不完全问题在5年的时间内基本可以解决，要离婚的人已经离婚了。另外一方面，婚姻的收益在5年以后一般也开始上升，如共同的孩子和社会交往圈等。

第二，夫妻双方条件的变化。我们知道婚姻的目的是取得合作的利得。当夫妻中一方的条件发生很大变化的时候，合作的利得就会下降，人们就会考虑离婚重新寻找伴侣的成本（或保持单身）和离婚的收益，以确定要不要离婚。中国的古话"夫妻本是同命鸟，大难临头各自飞"讲的就是夫妻双方条件变化对婚姻关系的影响。《诗经·谷风》就这样写道："昔育恐育鞠，及尔颠覆。既生既育，比予于毒。"意思是，想当年常怕没衣食，我们一起共渡难关，如今丰衣又足食，你却把我当害虫。

值得强调的是，男性和女性婚姻的黄金期并不相同。女性在20岁左右达到个人容貌等方面的最高峰，随着年龄的增加个人"品质"也逐渐下降，对男性的吸引力也随之下降。而男性的成熟期较晚，一个人在中年的成熟男性对小其一代、二代乃至多代的女性存在异乎寻常的吸引力，极端的例子是杨翁恋。因此，即使在一开始夫妻双方是对等的情况下，随着时间的自然推移，也会变得不对等，女性的新的对手"小三"就会及时出现。在此时，除了小孩等资产专有性投资外，婚姻契约的存在同样有效地保护了在婚姻关系中愈来愈处于弱势女性的利益，增加了男性离开妻子的成本（毕竟离婚要花费大量的时间、精力和金钱），减少了男性的始乱终弃行为，但这并不意味着始乱终弃行为不存在。

女性自身条件的变化也改变婚姻的收益进而对婚姻和家庭的破裂造成不利影响。"女性的工资通常比男性低，妻子工资上升（假设丈夫的收入不变），反而会减少家庭婚姻内部劳动分工所带来的收益，并且增加了婚姻破裂的可能。"而且，"女性工资率的提高使得她们独立生活和婚外抚养子女的能力显著上升，因此，在那些婚姻并不幸福美满的女性中，高收入的潜力者更容易解除婚姻。"（苏珊娜·格罗斯巴德·舍特曼主编：《婚姻与经济》）

第三，边际效用递减。用牵手来形容夫妻关系，是一种很好的创意。但牵过手的人会发现，随着时间的变化，牵手给我们所带来的感觉也在发生变化。男女之间第一次牵手，特别激动；第二次，激动；第三次，稍微激动；第N次，无动于衷，左手牵右手。这其中所包含的经济学原理是边际效用递减规律。

对于婚姻而言，夫妻间的相处会由最初的激情转化为日复一日的平淡生活，"月光和玫瑰变成了日光和盘子"，婚姻给个人带来的主观上的效用也会随之下降，七年之痒也随之产生。电影《手机》中的一句台词反映的就是这一点："二十多年都睡在一张床上，确实有点儿审美疲劳。"如果夫妻间没有用心[1]和用新[2]的理念去经营婚姻，婚姻总收益就会下降，下降到一定程度就可能导致婚姻的破裂。

第四，婚外恋。无论男女，对异性的感情总是处于不断变化的过程中，人的生物本性是花心的，婚外恋也就成为婚姻不得不面对的问题。在古代非伴侣婚中，婚外恋，只要不涉及婚外性关系，对婚姻关系基本不产生任何影响，尤其是男性的婚外恋更是如此。因为那时人们结婚的基础并非爱情，而是经济利益。在现代社会，婚姻形成的基础是爱情，当男性或女性发现自己与婚姻之外的异性之间的感情超过结婚对象

---

[1]　如将婚姻的基础从爱情转向由夫妻长时间相处得到的亲情，造成双方对家庭的依赖。周国平这样描述这种爱情向亲情的转化："那种浪漫式的爱情可能导致婚姻的缔结，但不能作为婚姻的持久基础。能够作为基础的是一种由爱情发展而来的亲情，与那种浪漫式的爱情相区别，我称之为亲情式的爱情。在这种爱情中，浪漫因素也许仍然存在，但已降至次要地位，基本的成分乃是在长久共同生活中形成的彼此的信任感和相知相惜之情"。（《爱的五重奏》）

[2]　偶尔来一次烛光晚餐，换一个发型，不断提升自己的内涵，小别一把以造成"小别胜新婚"的效果等，都能给对方以新的刺激，减缓边际效用递减的速度。电视剧《婚姻保卫战》对此做了生动的描述："夫妻过日子，就得有一种每天都在谈恋爱的态度，就像做蛋糕，每天都得给夫妻关系加点儿蜜，加点儿糖，再加点儿奶油……"

时，是维持现有婚姻还是离婚后重新与自己更爱的异性结婚成为随之而来的两难选择。因此，婚外恋也就成为现代社会婚姻不稳定的重要原因。人民日报在 2011 年 6 月 2 日发表《中国遇婚姻动荡期 婚外情成最大"杀手"》一文，分析了中国"中国式离婚"产生的原因。

总结上述原因可知：婚姻破裂的原因在于夫妻间彼此传递了关于自身或婚姻的新的信息，或者新的机会出现在现有婚姻关系之外。

值得注意的是，与结婚一样，离婚同样需要付出成本，夫妻离婚的决定同样是由离婚的成本和收益所决定的。当重归独身或另行婚配的预期效用大于离异的效用损失——包括产生骨肉分离、家庭财产分割、法律费用支出及其他如时间损失，已婚者将终止他（她）的婚姻。因此，即使婚姻的收益已经为负，但只要其负的收益大于离婚的成本，夫妻双方仍然会维持收益为负的婚姻。

有无小孩、离婚法律法规、夫妻双方工资甚至离婚时的宏观经济现状等影响着离婚成本，也影响着离婚率。在本文的最后，留两个好玩的问题供读者思考：1. 为什么美国硅谷的离婚率要低于其他地区？2. 在经济萧条时，离婚率会增加还是下降？

第 36 节
为什么现代社会离婚的人越来越多？

如果说只有以爱情为基础的婚姻才是合乎道德的，那么也只有继续保持爱情的婚姻才合乎道德。不过，个人性爱的持久性在各个不同的个人中间，尤其在男子中间，是很不相同的，如果感情确实已经消失或者已经被新的热烈的爱情所排挤，那么会使离婚无论对于双方或对于社会都成为幸事。

——恩格斯

本节我们将分析为什么现代社会的离婚率会持续上升。要解释这种现象，我们需要分析的是为什么现代社会婚姻的收益率会下降。现代社会婚姻收益的下降主要表现在以下几个方面：

第一，家庭的保险功能。在古代社会，结婚是合两姓之好，结婚的过程就是在两大家庭之间建立社会保险的过程。斯塔夫里阿诺斯就曾指出，在古代美索不达米亚文明，"婚姻关系是作为医疗保险、残疾保险、养老保险的一种替代。"（《全球通史》第七版）而离婚则意味着社会互保的断裂。因此，离婚是很困难的事情，尤其是当女性不满意男性时，离开男性异常困难。但在现代社会，社会保险日益完善，离婚可以比较少地考虑家庭之间的互保问题，离婚的成本就得到有效降低。

同时，家庭也是男女之间建立相互保险的过程。女性参加市场活动的增加降低了对男性市场活动的依赖，而与此同时，"在社会福利制度不断扩大之下，对经济条件不佳的妇女来说，等于是获得了一笔赡养费和对子女的教育费用。"（加里·贝克和吉蒂·贝克：《生活中的经济学》）因此，社会福利制度在家庭中替代了男性的角色。不少学者就认为这种替代是造成现代社会家庭结构出现巨变的最重要因素。

第二，"配偶专有成本"。配偶专有成本是贝克尔借鉴企业专用成本提出的一个概念，该成本的存在意味着结婚后再换配偶的成本很高。配偶专有成本包括与原来配偶相处的生活经验对未来的生活毫无价值可言；双方中至少有一方必须离开已经习惯的家；男女双方共同建立的朋友圈有可能因此而分化；新选择的配偶并不是前一次婚姻

不 怕

所留下来孩子的亲生父（母）亲等。

　　在以前，家庭在许多时候是最小的分工单位，夫妻双方在一起的时间非常长。在生产生活中，夫妻双方常常一起出现，夫唱妇随是大家最羡慕的理想夫妻关系，夫妻双方为对方所付出的专用性投资也非常多，如熟悉配偶的嗜好和习惯等。而在现代社会，随着专业化分工的发展，夫妻双方的社会交往圈也随之扩大，一些古代夫唱妇随的活动现在已经与朋友一起进行。同时，以前在家庭内部进行的一些活动，如家务和教育小孩，现在已经逐渐社会化，可以以比较低的成本从社会中购买。这也减少了夫妻双方为家庭所付出的专用性投资。

　　女性就业率的上升也减少了离婚的成本。"妇女挣钱能力提高……加速了已婚妇女的劳动参与率、生育率和离婚率的变化。"（贝克尔：《家庭论》）在传统社会，女性从事家务劳动，男性在外赚钱，女性通过家庭服务换取丈夫的收入，这是符合双方生理特点和比较优势的合理安排，这种安排也造成了传统家庭夫妻之间紧密的相互依赖。但这种相互依赖并不具有对等性，基本上男性对女性的依赖要小于女性对男性的依赖，一些对婚姻不满的女性也只能忍受不幸福婚姻的压力。女性就业机会和相对收入的增加降低了女性对男性的依赖，使夫妻更容易结束一桩不美满的婚姻。"即便是贫穷，一位妻子也能养活自己这种可能性使现有的婚姻面临新的选择……女性就业机会的拓展使因某些原因而婚姻不幸福的夫妻能够得以分手。"同时，"女性原来可以通过婚姻以及在家庭生产上的分工来获取的好处已经降低。"（安德鲁·切尔林：《破镜重"缘"——美国社会婚姻现象分析》）

在所有的配偶专有成本中，最主要的是与配偶一起孕育的小孩。子女的出现成为夫妻双方继续维系婚姻的纽带和强劲动力。"父母对于子女的疼爱使得夫妻日渐亲近，难以分离。"（韦斯特马克：《人类婚姻史》）在现代社会，婴儿死亡率出现大幅度的下降，导致与子女有关的配偶专有成本出现重要改变。

在过去，对女人来说，必须不停地生孩子，从而可以确保有适量的孩子能生存下去，继而能长大成人。结果，照顾和养育子女成为女人的全部工作。而在现代社会，因小孩的夭折率很低，一般而言，一对只想要两个子女的夫妻就可以只生两个孩子，女性投入到抚养小孩中的时间减少，可以有时间参与社会工作，降低了女性在经济上对男性的依赖，并结识了更多可替代现有丈夫并适合自己的异性。这就为那些妇女逃离不幸福的婚姻提供了一条道路。实证研究也表明，已婚妇女的劳动参与率的变化与随后离婚率的变化呈正向关。（贝克尔：《家庭论》）与此同时，小孩子数目的减少降低了由离婚所导致的配偶专有成本的损失。潘绥铭等人就认为："独生子女政策极大地缩短了夫妻之间的'养育合作时期'，加长了'空巢期'。这使得婚姻更加难于白头偕老。"（《当代中国人的性行为和性关系》）

波斯纳认为："在妇女改善了工作机遇并有交织紧密的社会安全网络的社会中，婚姻的私人价值已经衰落了，因此婚姻的稳定性也就衰落了。工作机会的改善提高了妇女家务活动的机会成本，其标志包括孩子养育，以及从婚姻中获得的利益减少了，因此，也就会更少在婚姻中投入，来努力稳定婚姻。妻子经济独立性的增加，无论这是由于她有了更多的市场收入还是由于她有了更多的社会收入，都降低了她努力改善夫妻不和的意愿。"（《性与理性》）

第三，婚姻替代品。婚姻替代品价格的下降也会导致对婚姻需求的下降和离婚率的上升。婚姻最主要的替代品有：独身、同居和同性恋。这些替代品的价格随着社会的发展而逐步降低。如随着女性工作机会的增加和社会福利体系的完善，家庭内部的保险作用降低，针对贫困人口的福利支出替代了贫困女性来自于丈夫的收入，降低了

保持独身的成本。也正是如此，有社会学家认为："一个更加慷慨和宽松的福利体系已经暗中破坏了家庭的基础。"（大卫·切尔：《家庭生活的社会学》）自由主义的思潮使同居的成本（社会舆论带来的负效用）下降，同居作为替代品的地位也在上升。法律甚至对同居的地位做出了明确的规定。例如，"在瑞典，同居是一种公认的合法地位，其主要的附带权利和义务是分居时共有财产平均分割。"（波斯纳：《性与理性》）对同性恋亚文化的研究使同性恋被人们从"不正常"的概念中去除，在很多国家，同性恋的比率也是上升的。就替代品对婚姻的影响而言，我们可以从下面的一段话中看出："男女结婚的百分比剧减。同时，曾与人同居而不曾结过婚的人却急剧增多。结果是曾经'结合'的人数只是温和下降。"（安德鲁·切尔林《破镜重"缘"——美国社会婚姻现象分析》）

第四，离婚的累积效果。现有婚姻市场上离婚率越高，离婚遭受到的歧视就越少[1]，离婚的心理负担就越小，适合离婚和丧偶人士的婚恋市场就越大，其也越容易找到新的适合自己的配偶，妇女对先前婚姻所进行的婚姻资产专用性投资的价值也容易得到部分恢复，离婚的成本也就越低。因此，现有的高离婚率为离婚率的进一步提高创造了条件。

第五，夫妻寿命的延长。在古代社会，人均寿命较短，加上妇女因生育造成的死亡率非常高，即使是早婚的夫妻，能共同生活的时间并不长。即使夫妻间不和，预期离婚后的生活要好于离婚前的生活，在权衡离婚后剩余的生命时间和离婚成本后，选择忍一忍过一辈子的人不在少数。在此时，是死亡而不是社会，让不和的男女分开。在其他条件不变的情况下，随着夫妻寿命的延长，失和夫妻离婚的收益也会随之增加，离婚的数量也随之增加。

第六，离婚条件。随着社会思潮的变化，离婚自由化逐渐成为社会发展的趋势，这就使离婚的法律代价降低。代价（价格）越低，（离婚）需求越多，需求定理而已。

与此同时，因为离婚变得容易，为避免可能的离婚对自己造成的伤害，家庭成员，尤其是女性对家庭内生产的专用性投资就会下降。这就会减少男女性组建家庭的收益，进而增加离婚的数量。

第七，伴侣婚。在前现代社会，夫妻实行的是非伴侣婚，婚姻是"生育共同体"

---

① 美国2003年的一项调查表明，66％的美国人认为离婚在道德上是可以接受的行为，只有27％的美国人认为离婚是道德上的错误行为。

和"经济合作社"的结合，在婚姻安排上排斥和否认爱情的作用，在夫妻关系上强调相敬如宾，强调亲情。婚姻的破裂意味着家庭保险功能的破裂，所以家庭乃至家族严格限制婚姻关系的破裂，以防止离婚对家庭或家族利益造成伤害。中国古代的七出三不出完全是基于家庭和父母的利益而不是夫妻关系的视角。在现代社会，结婚的基础是爱情，传宗接代在婚姻中的作用下降，盛行伴侣婚。婚姻从非伴侣婚向伴侣婚的转变促使个人选择在婚姻中的作用加强，婚姻中的当事人可能仅仅因为微小的理由就分手而不用考虑婚姻对家庭乃至家族关系的影响。"一见钟情，婚了。一怒之下，离了"成为一些年轻人婚姻的常态。周国平在《爱的五重奏》中就这样写道："偏偏愈是基于爱情的结合，比起那些传统伦理和实际利益为基础的婚姻来，愈有其脆弱之处。所谓佳偶难久，人们眼中的天合之作往往不能白头偕老，这差不多是古老而常新的故事了。"

此外，社会生物学家的研究也发现，爱情由一种化学物质控制，这种化学物质的平均存在时间为 36 个月。在非伴侣婚时，爱情不存在，男女结婚的其他因素存在，男女间还会继续以婚姻形式搭伙过日子。而在强调爱情是婚姻基础的现代，男女间可能仅仅是因为爱情的消失而分手。

上述导致婚姻解体增加的原因大多可以从交易成本的视角得到统一的解释。人类从婚姻中取得的收益几乎全部可以通过市场购买得到，组建家庭与否取决于对家庭内交易的成本与通过市场交易的成本之间的权衡。随着人类社会的发展，市场交易的技术进步的速度要远快于家庭内提供的技术进步速度。例如，保险公司的发展降低了通过市场降低风险的成本，家政业的发展降低了通过市场完成家务劳动的成本，网络的发展为一夜情提供了更加便利的手段使婚外性的可得性大为增加，等等。这就使市场交易成本得到有效的降低，而妇女大规模参与市场活动及小孩子数量的减少等因素减少了家庭内的"配偶专有成本"，增加了家庭内交易的成本。因此，现代社会离婚率上升是市场服务对家庭内服务的一种替代，是市场交易成本减少和家庭内交易成本增加共同作用的结果。

第 37 节
严格离婚条件的利与弊

不管是希望拥有比较严肃的关系的人，还是希望关系比较随便的人，都可以选择结婚。因此，那些希望婚姻能够持续终身的人无法准确传递信号，表达他的想法，同时，他也无法准确评估对方的确切想法。人们对承诺有着不同的看法和理解，这增加了婚姻中的无效率现象出现的可能性。

——伊丽莎白·S.斯科特

三秦都市报（2011年3月13日）文章《26岁～35岁夫妻易"闪离" 经济好多为小事离婚》报道：

小齐和小娜是一对婚龄两年的夫妻，孩子1岁。小娜离婚的原因是："老公一下班就打游戏，不做饭、不洗碗，我过不下去了。"原来，两人都是家中独子，婚前都是"衣来伸手，饭来张口"。婚后两人单住，孩子由父母带，两人都不会做饭，每天不是在双方父母家蹭饭就是在饭馆吃，衣服堆成山，泡方便面的碗摞了一个又一个……最终，因洗碗的小事发展为赌气、对骂、抓扯，最终导致离婚。

据了解，在80后"闪离"的案例中，一些"闪离"原因曾令婚姻登记处的工作人员啼笑皆非：有因抢电视遥控器大打出手，导致离婚的；有因睡觉习惯不同引发矛盾闹离婚的；有为先到谁家过年而闹离婚的。

……

"以前，结婚和离婚都是需要单位开介绍信的，离婚的话，全单位的人都知道了。而现在，结婚和离婚手续都很简单。"莲湖区婚姻登记处的一位工作人员告诉记者。目前办理结婚和离婚，只要手续证件齐全，照片合格，很快就能办完。根据《婚姻法》规定，登记机关必须依据双方当事人的意愿进行办理，不得施以任何形式的劝勉告诫等。因此，如今离婚简化也助长了一些鲁莽性急的年轻人更"迅捷"地一拍两散，分道扬镳。

在中国1980年实施的《婚姻法》中，离婚的必要条件被修改为双方的感情破裂，经调解无效，这也使中国逐步成为离婚最自由的国家。随着中国社会的发展，社会对离婚的容忍度逐渐增强。上述两者的共同作用，造成中国社会现阶段离婚率节节攀升，对中国社会的婚姻稳定造成了很大的冲击。上述的新闻正是表明因中国协议离婚的成本很低，导致不少年轻人因为微不足道的小事离婚。

2009年《时代周刊》发表文章称："没有任何一种力量比婚姻家庭的解体造成的悲苦更严重，它使孩子受到伤害，单身母亲的生活陷入困境，给社会底层承受力最差的人们带来巨大灾难。"（转引自李晓宏：《中国遇婚姻动荡期　婚外情成最大"杀手"》）因离婚会产生外部性，无论是在中国还是在美国，离婚率的居高不下使得严格离婚条件成为学术界和市井共同关心的问题。

如何改变离婚率居高不下的现状以减少离婚所造成的外部性？一些学者提出通过法律的干预，即通过协议婚姻、协议离婚或设置离婚准备期等增加离婚的难度，减少离婚率。如在美国，"由于离婚变得太过容易，作为对此的反应，已经有一些让离婚变得困难的运动正在发起。"［大卫·诺克斯和卡洛琳·沙赫特：《情爱关系中的选择——婚姻家庭社会学入门（第九版）》］在中国也有学者主张修改婚姻法，提高离婚难度，以维持婚姻的稳定。本部分试图从经济学的视角分析严格离婚条件对婚姻的影响，分析的工具为成本收益分析。

如果我们将婚姻关系看作契约关系，按照一般的契约自愿原则，政府不应该干预男女之间的结婚和离婚等行为。但从各国的《婚姻法》中的相关规定来看，法律对婚姻关系总是有或多或少的控制。如在19世纪，英国还不允许离婚。但随着时间的推移，法律对婚姻关系的干预有减少的趋势，如现在的只要符合一定的条件，婚姻契约就可以解除。而且，中止婚姻契约的条件也有越来越放宽的趋势，如从1970年代开始，美国已经逐步从过错离婚变为无过错离婚。

但我们也可以看出，无论如何，政府对待婚姻契约并不像一般的契约般放任，原因就在于婚姻（契约）的解体不光涉及男女双方，还涉及没有办法行使同意权的第三方：小孩。用经济学专业术语表示就是离婚行为具有外部性，即离婚的收益由男女双方得到，而成本中很大部分要小孩子承受。这会造成实际离婚率高于社会最优离婚率[①]。因此，通过社会干预降低离婚率有利于离婚率向社会最优离婚率回归。这就是

---

① 社会最优离婚率是指所有离婚的成本和收益都由要离婚的男女承担时的离婚率。

需要法律干预婚姻契约的原因。

那么，以严格离婚条件为特征的法律干预婚姻契约对婚姻契约有着什么样的影响呢？经济学认为该干预对婚姻契约有着正负两方面的影响。

首先，严格离婚条件对稳定婚姻有积极作用。

（1）经济学认为人会面对刺激做出反应，错误的成本越高，犯错误的可能性就越小。严格离婚条件会增加错误的成本，促使人们婚前更认真地寻找婚姻伙伴。因为寻求时间越长，人就会越成熟，累积的关于异性的经验也会越多，也就越不可能像年轻人那样犯错误。因此，增加离婚难度有可能促使幸福的婚姻的形成。

（2）如果男女双方知道离婚很难，就会设法消除他们之间的不和。这样就减少了用司法手段减少争议的必要性。

（3）婚姻越不稳定，在家庭部门有比较优势的一方，一般是女性，对家庭部门的投入就越小，从而对家庭生产的效率产生不利影响，影响组建家庭的收益。这也反过来对家庭的稳定造成不利影响。我们可以称这种现象为"自我实现的离婚预期"。严格离婚条件增加了在家庭生产中有比较优势的一方投资于家庭的积极性，从而有利于家庭收入的最大化，也反过来促进家庭的稳定。

（4）严格离婚条件可以在某种程度上减少男性的始乱终弃行为，保护女性在婚姻中的利益。对此，美国法与经济学的领军人物波斯纳这样写道："在一个社会中，如果妇女的主要资产就是她们的生育能力，那么当社会安全网络漏洞很多甚或根本就不存在并且强制执行法律责任（诸如赡养的责任）的机制很弱或没有发展起来时，离婚就会把那些因年老色衰或其他原因不再有生育能力并且缺乏独立生活资料的，被离异的妇女置于一种经济上极为危险的境地。"（波斯纳：《性与理性》）这也是中世纪基督教会反对离婚的重要原因之一。

（5）在一个离婚比较随便的社会中，婚姻的发展趋势可能成为一连串时间较短的婚姻契约，从而形成事实上的连续多妻制。而严格离婚条件则可以限制这种现象的发生。

（6）因离婚后对小孩子的资源投入从父母双系变为母亲或父亲单系①，使用在小孩的资源投入减少，这会对小孩子的成长造成不利影响。经济学的实证就表明："对大多数儿童来说，父母离异对他们的社会融入能力、受教育水平、事业发展以及心理

---

① 尽管法律要求离婚双方均要承担对小孩的抚养责任，但从现实看，离开小孩一方对小孩的投入是不足的。

插翅难飞

健康都有着严重的负面影响。"（安东尼·W.丹尼斯和罗伯特·罗森：《结婚和离婚的法经济学分析》）

因此，"社会对于离婚的不支持态度对妇女的生理活动特征是有益的。人们设想这样就可以迫使男人们照看自己的孩子，但为此付出的代价往往是高昂的，许多妇女难以接受。"（波斯纳：《性与理性》）下面就分析严格离婚条件的负面影响。

（1）稳定婚姻的重要原因在于离婚对小孩有巨大的负面影响，但在不少时候，离婚比男女双方争吵的环境更有利于小孩子的成长，因为"良好的教育，要求负责该项教育者之间有完美的默契；如果两个人的工作相互抵消，一切也就都完了"。（让一克洛德·布罗涅：《西方婚姻史》）

（2）如果严格离婚条件，"妇女也可能会由于害怕丈夫的虐待而推迟婚期，直到她们对爱情和丈夫的品行有了更多的自信后再结婚。"（贝克尔：《家庭论》）而对于男性而言，"自认为'前途看涨'的人，择偶就会更加谨慎，结婚的平均年龄就会推迟，选择不结婚的几率就会增加。"（薛兆丰：《婚姻中的敲竹杠》）更认真地寻找婚姻伙伴

有利于寻找合适的伴侣，但也意味着更高的搜索成本。这就给男女双方组建家庭增加额外的成本，造成平均结婚年龄的推迟乃至选择不结婚的人比例的增加。而在其他条件不变的情况下，结婚年龄的推迟和不结婚率的增加会造成婚外性生活的增加，这也会造成另外的社会问题。

（3）为避免离婚的高成本，没有结婚的人，会以如同居、"独自生活而有个虽然松散但是稳定伴侣的人"、一夜情等形式替代婚姻；已经结婚的人则会出轨、一夜情等婚外恋替代离婚。中世纪欧洲严格的一夫一妻制就和情妇的盛行紧密相连。

（4）更认真地寻找婚姻伙伴只能减少但不能杜绝不合适婚姻的出现。万一出现这样的情况，对婚姻双方（也有可能是一方）的伤害非常大。如在欧洲中世纪的基督教世界里，男女之间的离婚受到教会的严格控制。在妻子想离婚而丈夫不想离婚的案例中，为防止法庭判离，丈夫不打妻子，"他干得非常巧妙，不让妻子受皮肉之苦，而是伤她的心，让她感受撕心裂肺的痛苦。"（让－克洛德·布罗涅：《西方婚姻史》）为防止这种现象的发生，一些对婚姻期望较高，追求高质量婚姻生活，而且不可能从事婚外情的人就有可能放弃婚姻，而对婚姻的期望较低者影响却不大。这就形成一个"劣币驱逐良币"效果，反而不利于婚姻的稳定。

（5）严格离婚条件使得一些对婚姻不满的人为达到离婚条件不惜铤而走险，增加了家庭内暴力乃至犯罪行为。同样在欧洲的中世纪，"那些厌倦了妻子的丈夫，干脆就把妻子带到屠宰场去，叫屠夫把他们大卸八块；或者，如果自己不想动手，就叫厨子像杀猪似的把她们杀死。"（让－克洛德·布罗涅：《西方婚姻史》）由此产生了一个新的专业名词：加洛林式的离婚。在中国古代，一些女性也因无法离婚而对丈夫采取极端手段，王跃生在《清代中期婚姻冲突透析》一书中有着详尽的描述。尽管在强调个人自由的今天，严格离婚条件不会严格到不允许离婚的地步，但我们也要注意严格离婚条件对婚内暴力乃至犯罪的影响。

因此，是否要通过严格离婚条件来降低离婚率需要对严格离婚条件进行理性的权衡。在无过错离婚刚开始实行之时，女权主义者欢呼女性的胜利。但在执行多年后，女权主义者发现无过错离婚未必有利于女性，在女权主义者内部就对是否要严格离婚条件有着很大的争论。这在一定程度上反映了一项政策的多面性，在具体实行之前，要对其可能的成本和收益作细致的评价。

第 38 节

为什么是一夫多妻制
而不是一妻多夫制？

一个配偶还是多个配偶

男人是喜欢多配偶的

一个配偶还是多个配偶

女人只要一个配偶

——阿莫斯·平肖夫人[①]

在人类几千年的婚姻史中，相对于一夫多妻制，一夫一妻制无论在分布的时间上还是地区上均为少数。作为在人类婚姻史上曾占主导地位的婚姻制度——一夫多妻制，我们如果仅仅从道德上谴责了事，并不是一种科学的做法。本书将从多个角度分析一夫多妻在人类婚姻历史的较长时期内占主导地位的经济理性。

本节将从生物社会学和经济学的角度分析为什么在历史上，一夫多妻制及其变种，如一夫一妻多妾制等，会与一夫一妻和一妻多夫的竞争中处于优势。

社会生物学视角下的一夫多妻制

从 20 世纪 60 年代到 80 年代，人类学家乔治·默多克编写了一部《人种民族图谱》，记录了近 1200 个不同社会群体从古到今的风俗习惯，其中有 850 个社会群体流行一夫多妻制。(爱德华多·波特：《一切皆有价》)社会生物学的研究也发现，在非人类的动物世界里，一妻多夫也屈指可数，而一夫多妻却是普遍现象。如何看待一夫多妻制的普遍性？在本部分，我们将从社会生物学的视角分析这个问题，下部分则从经济学的角度分析该现象。

在本书的其他部分，我们已经分析过男女性因生理条件的差别造成他（她）们在

---

① 转引自马尔科姆·波茨和罗杰·肖特：《自亚当和夏娃以来——人类性行为的进化》。

宁愿······

爱情和婚姻等方面的差异，我们同样可以用男女性（雌雄性）生理条件的差异分析非人类动物世界和人类世界中一夫多妻广泛存在的原因。

对于男性（相对于动物世界中的雄性）而言，如果其能够垄断一定资源的女性（动物世界中的雌性），即能够排除其他男性在性上接近这些女性，他就能确保这些女性的孩子携带的是自己的基因，也就保证了自己基因在未来世界中的适应性。因为女性数量越多，不同母亲的小孩数量也就越多，而基因的多样性有利于其基因的生存。当然，这里必须存在一个前提，该男性能够向众多女性和自己的孩子提供足够多的资源以保证她（他）们的生存。因此，一夫多妻制是男性追求其基因最适化的过程。

对于女性而言，则面临这样的抉择：选择一个平庸的男性，该男性会将其全部的资源用来保护她和她的子女；选择一个优秀的男性，但由于他有许多的配偶，因而只能倾注他的部分资源用于保护她和她的子女，但这部分资源可能在绝对量上还是大于那个平庸男性的全部资源。从该女性自身基因适应性最大化的角度，她会选择优秀的男性。这就是萧伯纳名言——"女性的本能，驱使她宁愿分享一流男人的十分之一，也不要独占三流男人的全部"背后的经济理性。在一些初民社会，"做女人的都宁可在受尊敬的男人身边做他一群妻妾中的一员，也不愿给一个只能娶上一个妻子的男人做他的唯一代表。"（韦斯特马克：《人类婚姻史》）在现代社会，许多漂亮的女生宁愿成为有钱有权男性的"小三"，也不愿意与贫穷的男生"裸婚"，深层次原因均在于此。

一夫多妻制而不是一妻多夫制的盛行与夫妻双方的生理特点有很大的关系。相对于男性，女性的生育资源更为稀缺。只要妻子的数目在一定范围之内，拥有多个妻子的丈夫只会微弱地降低每一个妻子怀孕的机会。（贝克尔：《家庭论》）人类学家莫里卡就报道，东非基卜西吉斯人，丈夫多娶一妻，能给自己多生 6.5 个孩子，与此同时，他原来的每位妻妾少生 0.5 个孩子。（转引自坚赞才旦等：《论多偶制和家庭文化特质的传递——兼论婚姻效用的协商分配理论》）但一妻多夫制却会降低每一个丈夫做爸爸的权利，因为妇女的怀孕能力是有限的，在生育期内，一年只能生一个孩子，如果丈夫想要有自己血缘的小孩，在一妻多夫制度下达到的可能性就比较小了。基于此，"男性在生孩子过程中的相对投资水平使得他们偏好一夫多妻制，而女性在一妻多夫或一夫一妻的关系中是一样快乐的。"（贝克尔：《家庭论》）

因此，从生物经济学的角度看，男女性，包括人类和非人类的动物世界，选择一夫多妻制有其基因适应最大化的理性在里面。

进一步而言，在非人类的动物世界里，因强壮的雄性可以垄断一定数目的雌性，其基因延续下去的可能性也就要远大于非强壮的雄性，这就使该物种在"物竞天择，适者生存"的残酷竞争中得以生存下去，这一点在人类世界中同样存在。如波斯纳在《性与理性》中这样写道："一个出色的男性——其出色至少部分由于他的基因天赋——可以使大量女性受孕，这时人类进化的进程就加快了。"但波斯纳也同样提出了一夫多妻对人类演化的可能不利影响："多妻制减少了基因的储备库，并由于同样的原因，也就增加了乱伦的可能。"

为什么是一夫多妻制而不是一妻多夫制？

经济学认为，人们从婚姻中取得的实际利益取决于其配偶的品质，如收入、财富、地位、教育等。在男女人数大致相等的情况下，如果男人的品质有很大差异，而女性的品质大致相等，那么就会出现高品质的男人会娶几个妻子，中等品质者娶一个妻子，最低品质者一个也没有这种现象。而且，因为竞争的关系，每个女人从婚姻中

得到的收益大致相同。经济学家用收入、教育、财富、智商等不同指标去测量人的品质，通过跨国比较和历史分析发现，在男性间品质差异远远大于女性的地区，比如说中东和非洲，一夫多妻制较为盛行。（贝克尔：《家庭论》）

韦斯特马克认为一夫多妻制存在的原因，"在很大程度上是基于一定的经济状况和社会状况，即财富的积累和不均等的分配以及不断增大的社会分化"。（《人类婚姻史》）贝克尔在《家庭论》中以土地（财富）分配不均为前提建立了一夫多妻制模型。台湾学者干学平等在《现代经济学入门》中对该模型描述如下：

假设社会中男女人数相等，土地归男性所有，女性缺乏谋生能力。再假设土地分配不均，以至于社会上出现了地主、自耕农、佃农等三类男人。由于生产需要土地和劳动两项投入，男人凭借劳动所得参加，常是自养有余而不足再养一个女子，除非他同时拥有一些土地。只要男女都能自由选择婚嫁对象，地主和自耕农都不难找到一位女子为妻，但佃农则缺乏此能力。就女子而言，由于佃农无力抚养他们，故能结婚的男子数目在实际上要少于适婚的女子数目。若社会采取一夫一妻制，就会出现没有婚配对象的女子。对于这些女性而言，他们只能存在两种选择，即独老终生或嫁给地主为妾。由于女性缺乏谋生能力，嫁给地主为妾成为唯一的一条路。在地主方面，由于当时消费品的种类有限，许多地主终其一生所消费的消费品的总值也仅占其财富的小部分。当地主觉得财富的边际效用很低，而多娶一位妾的边际效用比较高时，他就会选择娶妾。这个过程将会不断地持续，直到小妾给地主带来的边际效用等于财富给地主带来的边际效用为止。只要女性缺乏谋生能力，财富便能实现男性对小妾的需求，当财富分配越不均时，男性拥有妻妾数目的差异量越大。

从理论上讲，只要男性品质的离散程度小于女性，那么一妻多夫制也同样会存在。此时，有能力的女性拥有几个丈夫，而没有能力的女性却独身一人，但我们并没有发现这种现象的普遍存在。原因何在？一些人从法律对一夫多妻制比较宽容，但对一妻多夫却比较严格的角度回答这个问题。但问题是一项没有经济理性支持的法律，不可能长时间存在。可能的解释有以下几种：

（1）在人类历史的大部分时期，男性品质差异程度要大于女性。

在前工业社会，男性从事市场活动的边际生产力较高，尤其是一个品质较高的男性能养活多个女性，对他而言，增加一个女性需要降低的生活水平有限；但即使是品质较高的女性，其在从事家庭活动时，随着男性的增加，边际生产力也会急剧下降。

辜鸿铭的"茶壶茶杯"理论说明的正是这一点。

（2）在上面的分析中，一夫多妻制而不是一妻多夫制的盛行与人类的生理特点紧密相连，"由于一妻多夫制婚姻中父亲身份的不确定性，一妻多夫——一个女子同时有几个男子——比一夫多妻制——一个男子同时有几个女子的婚姻要少。"（贝克尔：《人类行为的经济分析》）

这种生理特点同样可以解释为什么一妻多夫制经常出现在生存条件恶劣，人地矛盾严重的地区，因为在这些地区，只有控制人口数量才能保证人类的生存。"在西藏，一妻多夫制是'一种必要的制度，山谷中每一块可以耕种的土地，都已经耕种了许多世代。人口的数量又必须适应于耕地的数量。而要保持这一比例关系，就必须做出某种限制，即：在每个拥有财产的家庭中，只能有一个生儿育女的人'"。因此，一妻多夫制可以起到限制人口增长和使家产不至于分散的作用。（韦斯特马克：《人类婚姻史》）

（3）张五常认为家庭是财富极大化的决策者，"就像任何资本资产的情况一样，作为生产要素和财富储存而获得的新娘必须符合报酬递减规律和证券选择规律。将婚姻限制在一夫一妻制范围内的习惯与家庭这个决策单位的财富极大化不一致。这个问题的解决办法当然就是允许纳多个妾。"（张五常：《经济解释》）因此，妻子的数目是家庭基于财富极大化理性选择的结果。

因此，一夫多妻制而不是一妻多夫制在人类婚姻制度上占主导地位是由两性的生理特征、分工结构和经济地位等因素综合作用的结果。

第 39 节
一夫多妻有利于女性和社会稳定？

男性想要娶第二个或第三个妻子，就必须向她们证明他值得这样做——他可以通过巨额的财富、英俊的相貌、善良的品德或是其他方式来证明。

——贝克尔

女权主义者认为一夫多妻制是男权主义的象征，一夫多妻制存在说明女性地位低下。事实是否如此呢？女权主义者反对一夫多妻制的理由是什么？如何看待这些理由？

现有对一夫多妻制的讨论大多集中于家庭选择行为。那么从社会选择的角度看，该制度对社会稳定起着什么样的作用？毕竟对于统治者而言，采取什么样的婚姻制度是基于其统治稳定性的考虑，要理解法律为什么会禁止或允许一夫多妻制，一条可能的路径是分析该制度对社会稳定的影响。

一夫多妻制与女性的价格

从贝克尔的模型中我们知道，在前现代社会，女性自己很难养活自己，而能养活女性的男性又有限。如果社会严格实行一夫一妻制，势必导致出现一部分女性嫁不出去，进而无法存活，而一夫多妻制则减少了这种现象。因此，一夫多妻制至少增加了这部分处于生存边界女性存活的可能性。

一夫多妻制也有利于女性地位的上升。通过价格理论我们知道，在其他条件不变的前提下，对一种商品的需求越大，该商品的价格就越高。这当然有利于该产品的提供商。由此可知，一夫多妻制增加了男性对女性争夺的激烈程度，女性能利用自身的稀缺性提高自己的价格，即社会地位，因为在此时，男性只有提供更好的条件才能娶到女性。"在一夫多妻的关联较高的社会里，聘金更加司空见惯，新娘的价格也往往较高。"（贝克尔：《家庭论》）

同时，在婚姻合约中，为让女性愿意接受一夫多妻，必须给予女方足够的补偿以弥补与他人共事一夫所带来的不利影响。尤其对妾来说，其在家庭中的地位要小于正妻，

女性的价格

这就需要男方在娶妾时及以后通过各种方式弥补。这也能增加女方的收益。而这种收益主要体现在作为小妾的女性家庭可以"高攀"并不门当户对的家庭上。（详见本书"古代中国独特的妾"一节）。

更进一步讲，中国古代社会普遍存在着溺杀女婴的现象，一夫多妻制的存在增加对了对女性的需求，提高了婚恋市场上女性的价格，也就减少了溺杀女婴现象。

与此同时，为一夫多妻制申辩的一个重要理由是：在一夫多妻制下，没有生育小孩的妇女不用离开夫家，只要新娶女性帮夫家生育小孩就可以了，因此该制度保护了没有生育的妇女。联想到中国古代的"七出"和纳妾的条件，这个理由有一定合理成分。

因此，"如果从保护妇女的立场看上去，禁止多妻制也许没有道理。多妻制增加了对妇女的有效需求，导致了妇女的平均婚龄更低，结婚妇女的比例也更高。"（波斯纳：《性与理性》）

167

女权主义者反对一夫多妻制的原因

既然一夫多妻从总体上有利于女性，那么女权主义者为什么要反对一夫多妻制呢？其实，女权主义者对一夫多妻制的厌恶更多是基于感情上的考虑。

与一夫一妻制不同，在一夫多妻制下的女性不得不和其他女性一起分享丈夫，丈夫给女性的一些资源（如性和时间等）是有限的，这容易给女性造成一种孤独感。为最大限度地获取家庭内利益和资源，女性间围绕男性展开一系列的竞争。许多反映宫廷和大家族内部生活的电视剧对这种现象作了大量的描述。如最近由林心如主演的《宫心计》就非常流行，这加剧了女性群体对一夫多妻制的厌恶感。一夫多妻是与父母做主的买卖婚联系在一起的，男女性的结合并不是基于感情而是基于生育关系，婚姻的成立是与买卖而不是自由恋爱相联系，容易给女性造成自己只是生育机器的感觉。相结合的男女性之间一般年龄相差很大，"一枝梨花压海棠"，这容易给女性造成男性很专制的印象。因女性能分享男性的性资源有限，这就给女性的婚外性行为提供了激励。男性为限制这种婚外性行为的发生，除了一些家庭，如皇宫，使用男性阉人外，往往采取对女性有伤害的方式减少这种行为的发生，如中国古代的裹脚和非洲等地的"女性割礼"。这会严重伤害女性身体健康①……

思考女性利益的女权主义者，其开始阶段的成员多为有知识和文化的社会上层女性。他们中不少人对于一夫多妻制对女性的伤害有着切身的体会，她们强烈地反一夫多妻制的倾向也来源于此。但她们对身处社会下层女性的诉求并无切身体会，也无法理解这种想法产生的原因，常简单地视之为落后。"许多受教育程度不高的女性仍然认为一夫多妻制对她们是有利的，因为这是让她们能够接触到那些具有较高地位并且拥有较好经济资源的男性的一种途径。"（大卫·切尔：《家庭生活的社会学》）从某种程度上讲，女权主义者在这个问题上扮演着"何不食肉糜"的角色。

一夫多妻与社会稳定

上面分析了女权主义者反对一夫多妻制的原因。那么，从统治者维持其统治和社会稳定的角度，一夫一妻制和一夫多妻制两者间是否存在差别呢？毕竟，决策者在做出选择哪种婚姻制度时，会对各种制度的成本和收益进行全面的权衡。

---

① 波斯纳在《性与理性》中这样写道："阴蒂切割（割去阴蒂）以及缝阴术（缝合阴道入口）在多偶制社会要比在单偶制社会更加普遍。"

我们先分析一夫多妻制对于社会稳定的积极作用。尽管多妻制是以社会财富分配不平均为前提，但该项制度有利于改善社会财富分配的不平均。主要表现在以下几个方面：

第一，为娶多个妻子，具有财富的男性不得不向女方家庭支付相当数额的聘礼。而在多妻制的社会里，聘金的数额会大于一夫一妻制的社会，这就减少了财富拥有者的财富。

第二，"多妻制具有长时段减少不平等的一种趋向，因为这种制度增加了多妻者死后必须供养的人员数量（妻子和孩子）。由于他的遗产要以更多的方式来瓜分，因此，下一代的财富不平等就会减少。"（波斯纳：《正义/司法的经济学》）

第三，对于统治者而言，财富也意味着一种潜在的反叛能力，如果财富的拥有者去购买女性而不是武士，这有利于统治者维持现有统治。这就是波斯纳提出的命题：在初民社会，"多妻制起到了分散政治权力的作用。"（波斯纳：《正义/司法的经济学》）

第四，在一夫多妻制，尤其是在妻妾制下，贫困的家庭可以利用女儿实现家庭地位的上升，从而增加了社会的流动性。而流动性较强的社会，一般而言是稳定的社会。（详见本书"古代中国独特的妾"一节）

有一利必有一弊，一夫多妻制也会给社会稳定带来不少的负面影响。

第一，尽管一夫多妻制因遗产问题使社会财富分配不均衡得到一定程度的纠正，但是，如果该家庭成员间联合起来进行反叛政府，因兄弟姊妹和亲戚众多，其威力也大于一夫一妻制下兄弟姐妹较少的情况。当然因联合的困难，这种情况发生的可能性很小。

第二，因一夫多妻制加剧了男性间竞争，导致部分成年男性无法娶到妻子，这部分无法娶到妻子的成年贫穷男性也就成为社会不稳定的重要源泉。"如果若干男性没有性伙伴，没有机会染指异性，这样的社会必将生活在火药桶上，其暴力事件将是极其频繁的。"（郑也夫：《有性繁殖与婚配制度》）也基于上述理由，美国杨百翰大学的哈罗德教授在《光棍》一书中认为，未婚男性数量增加会导致犯罪率升高，并将性别失衡和和中国的清代的捻军起义联系在一起，而一夫多妻制很明显会导致婚恋市场上男女性别的失衡，增加了单身未婚男性人数，从而给社会造成不安定。这一点在伊斯兰世界同样存在。安德烈·比尔基埃等在《家庭史》中这样写道："天下太平时，他们的欲望受到抑制，无法表现出来，但是这为不断的觊觎和挑衅提供了基础。"

从总体上看，在古代社会，一夫多妻制所造成的社会财富的分散和社会阶层的流动有利于社会的稳定，这也正是一夫多妻制在人类历史的多数时期不受到法律禁止的最重要原因。

第 40 节
管制经济学视角下的一夫多妻制

反对一夫多妻制的法律是一种"市场干预"。许多社会在历史上都允许一夫多妻，有些甚至允许一妻多夫。有主张认为，禁止一个丈夫有多个妻子的法律对女性不利，正如禁止每个顾客拥有多于一辆汽车会损害汽车的供应商一样。

(1) 这种类比合理吗？

(2) 一夫一妻制的法律的主要受损者和主要得益者是谁？

(3) 能以效率的理由为一夫一妻法律辩护吗？

(4) 能以公平理由来为一夫一妻法律辩护吗？

——经典的微观经济学试题

在当今世界，一夫一妻的法律制度得到广泛的普及，除一些非洲和伊斯兰国家外，大多数国家均通过法律明文限制一夫多妻制。尽管在日常生活中，我们经常可以看到一夫多妻以其他的形式，如包二奶、情妇和频繁的结婚离婚等出现，但法律的改变的确改变着我们的婚姻形式。那么，限制一夫多妻制的法律对男性和女性的福利水平有着什么样的影响呢？既然经济学认为任何一种政府管制都与突破管制相联系，那么，突破一夫一妻制管制的方法又有哪些呢？在现阶段，西方学术界对于一夫多妻制的非罪化有着激烈的争论，如何看待这些争论？

法律禁止一夫多妻的福利分析

从上一节的分析中，我们可知，一夫多妻制有利于提升女性的总体福利而不利于男性的总体福利，但总体的得益或受损并不意味着其中的各个构成部分都会得益或受损。下面我们以法律禁止一夫多妻制的福利分配效果为例说明之。

第一，对女性福利的影响。

(1) 和一般女权主义者的观点不同，禁止一夫多妻减少了女性的稀缺性，降低了女性在婚姻市场上可索取的价格，自然也就降低了女性的整体福利。

无奈

（2）从选择机会的角度看，在一夫多妻制下，女性既可以选择成为某位男性唯一的妻子，也可以选择成为某位男性众多妻子中的一个。而在一夫一妻制下，其丧失了选择成为某位男性众多妻子中一个的可能性，这就意味着对于女性而言，可供其选择的机会减少，福利也随之下降。

（3）品质较高的女性福利水平上升，但品质一般的女性的福利水平下降。作为男性，在面对一夫一妻的数量管制时，成本较低的一种突破方式是以质量替代数量，即在只允许男人娶一个老婆的情况下，品质优异的男性就会增加在婚姻市场的搜索。这就造成品质较高的男性往往寻找品质较高的女性结婚。这些女性因为不用和其他女性共享品质较高的男性在市场活动中的产出，从而提升了福利水平。因此，禁止一夫多妻有利于品质较高的女性，但这种福利水平的上升是以品质一般的女性的福利水平更大范围内下降为代价。

第二，对男性福利水平的影响。

禁止一夫多妻制相当于政府管制，它"通过限制男人对女人的竞争而增加年轻人和穷人的性行为和婚姻机会。这种禁止性规定实际上是一种对富人的税收，因为只有

富人才能养活得起多个妻子。这种税收并没有产生财政收入，而是通过降低一个妻子的成本而将财富从较富有的人转移到较不富有（人数较多）的人"。（波斯纳：《法律的经济分析》）具体而言：

（1）禁止一夫多妻，会增加品质一般男人的收益。因为在同样的预算约束下，他能"购买"到他以前"购买"不到的（品质一般的）妻子，或能比以前更便宜的价格购买到（品质一般的）妻子，这当然提高了品质一般男性的福利水平。而品质一般的男性福利水平的上升是"通过降低一个妻子的成本"实现的，这从另外的方面说明了禁止一夫多妻会降低女性的稀缺性，降低女性价格。

（2）高品质男人福利水平下降。娶几个老婆取决于他最大化决策，现在限制其多娶妻子当然会降低高品质男人的福利。尽管由于女性稀缺性的减少，价格降低，富人同样能以更低的价格娶到妻子，福利水平会上升一些。但通过偏好理论，我们知道，富人在没有禁止一夫多妻时也可以娶到高质量的女性，但他可能没有选择高品质的女性，反而选择了多个低品质的女性。而在一夫多妻被禁止的情况下，高品质女性价格上升，他反而选择了高品质女性，因此他的总体福利水平下降。

为什么在世界上大多数国家的法律会禁止一夫多妻制呢？可能的原因是基于社会公平和和谐的考虑，因为对富人来讲，多一个妻子是锦上添花，而对于穷人来讲，则是雪中送炭。波斯纳就认为，"这一禁止（指多妻制）是通过限制男子之间为女子进行竞争来增加年轻人、贫穷男子的性和婚姻的机会"，这种管制相当于对财富的征税，使财富从更富有的人那里转移到不太富有，但人数更多的人手上。（《性与理性》）但政府实施一夫一妻制管制在造成男性公平的同时，也加剧了品质优秀和一般女性间的不公平。

简而言之，在一夫一妻制下，"好女"、"坏男"占便宜，但"坏女"、"好男"吃亏。

其实，无论在一夫多妻制还是一夫一妻制下，拥有财富的男性大多过着"多妻"的生活，而社会主流的婚姻形式是均为一个男性和一个女性搭伙过日子。管制对一般民众的影响有限。

一夫一妻制管制的突破形式

从经济学的视角看，一夫一妻制是一种数量管制，它管制男性多样化伴侣的偏好。管制经济学认为管制会造成社会上出现无主之物——"租"，进而会出现对这些无主之物的争抢，即"寻租"。任何商品都是多维的，在其中一维被管制的情况下，其他维度就会突破管制，使商品向供求相等的均衡点回归。

在一夫一妻制管制中，在妻子的数量被管制住的情况下，其他维度就会设法突破管制。上述用一个"好女"替代多个"坏女"就是男性用质量来替代数量，进而突破一夫一妻制管制的重要方法。

事实上，突破一夫一妻制管制的方式千差万别，无法穷尽。每一个男性在面临如此多突破管制方式时，选择各种方式的成本存在差别，选择也就存在差别。

下面举例说明突破管制的方式。

第一，婚外性和婚外情，包二奶和小蜜。

尽管产生婚外性和婚外情的原因非常复杂（详见本书"为什么会有出轨"一节），但无疑男性具有额外的资源去购买性是其中非常重要的原因，包二奶和小蜜同样如此。在没有一夫一妻制管制的情况下，这些男性会利用自身的资源优势购买几个妻子（小妾）。在法律禁止一夫多妻的情况下，这些男性会通过婚外性和婚外情等方式消费女性，进而实现自己的多样化女性的偏好。有钱人的绯闻不断说明的就是这一点。有钱的超级富豪意大利总理贝卢斯科尼不就是其中的代表性人物吗？

在华人世界，尽管法律已经禁止一夫多妻，但有钱人还是明显地挑战法律的限制，无论是刚去世的台湾的王永庆，还是因几房争财产而为内地民众所知的澳门赌王何鸿燊，他们有几房姨太太是一个公开的秘密。

第二，多次结婚和离婚从而形成事实上的一夫多妻制。

基督教世界在中世纪反对离婚的重要原因之一是该制度会形成事实上的一夫多妻制，拥有资源优势的男性可以通过多次购买的形式达到多样化女性的偏好。尽管有宗教力量的反对，在中世纪的西方世界中，利用休妻制度来实现连续一夫多妻的现象仍时有出现。而在现代社会，因一夫多妻被禁止，加上离婚自由化潮流，所以我们可以看到不少有钱的男性通过不断更换伴侣来突破该项管制。对于上榜富豪，离婚已经不足以构成新闻，对婚姻忠贞才是最大的新闻。

第三，"钻石王老五"。

前段时间，李泽楷和梁洛施分手的消息成为媒体关注的焦点。尽管梁洛施貌若天仙，而且已经帮李家生了两个小孩，但两人的最终结局还是分手。作为超钻的李泽楷，在一夫多妻制情况下，可以通过多娶妻子实现与女性的等价交换。而在一夫一妻制的限制下，在婚恋市场上已经没有女性可以与其进行等价交换。在此时，为了一瓢

水而放弃弱水三千的机会成本非常大，以钻石王老五的身份游戏于花丛之间，避免婚姻契约给其带来可能的伤害可能成为其理性的选择。

对于这一点，在由两家机构联合发布的《2011武汉富豪婚恋状态调查》中也得到证实。从调查数据来看，那些身价在500万以上的富豪有六成多处于未婚状态，而且"他们对婚姻更加敏感，因为一旦婚姻出现危机，资产损失太大，对个人和企业的影响较大"。

法律的禁止在增加了有钱男性实践一夫多妻法律成本的同时，也降低了女性的价格，降低了有钱的男性实施其他替代制度的成本。因此对于那些有钱的优秀男性而言，只要其愿意，在任何一种婚姻制度下均是多偶制的实践者。

我们是否应该放开一夫多妻制管制？

在加里·S.贝克尔和理查德·A.波斯纳两人合编的《反常识经济学》中，两位顶级经济学家就一系列社会现象展开讨论。在"一夫多妻制可否合法化？"这部分中，两位经济学（和法学）家就展开了针锋相对的争论。贝克尔从契约自由的角度认为既然婚姻是一种契约，那么就应该允许自由缔结的一夫多妻制婚姻；波斯纳则从社会稳定的角度认为一夫多妻制会对社会稳定、女性的人力资源投资等产生不利的影响，所以社会不应该放开一夫多妻制。

其实，在西方的学术界，对于一夫多妻制的争论比较常见。《社会学家茶座》曾分两期刊登了一篇文章《民主和一夫多妻制》的文章，从美国在19世纪全面推行一夫一妻制的背景入手，结合现阶段西方世界关于一夫多妻制的争论，认为基于民主的理由，也应该反对一夫多妻制。该文列举了现代一些杰出的学者，包括法学和政治学等学科的学者，从契约自由出发，将一直存在的多偶现象纳入管理有利于保护弱势群体等角度支持一夫多妻制，给我们反思该项制度提供了新的视角。

一夫多妻制及其争论与道德[①]、女权主义和同性恋婚姻合法化等联系在一起，表现得异常复杂。抛开道德上的争论，一夫多妻制和一夫一妻制各有其合理的理由，也有其各自的弊端。只要一夫多妻制存在的土壤，即财富分配高度不均造成男性品质差异没有消除，关于一夫多妻制是否应该管制的争论也将在学术界不断持续下去。

---

① 如福柯就认为一夫一妻制是不道德的。

第 41 节
古代中国独特的妾

妻者，何谓？妻者，齐也，与夫齐体，自天子下至庶人其义一也。妾者，接也，以时接见也。

——白虎通义

中国古代社会实行的是严格的一夫一妻制，即一个丈夫只能娶一个妻子，除非妻死后再娶。如《宋刑统》说："诸有妻更娶妻者徒一年。女家减一等。如欺妄而娶者徒一年半，女家不座。"但这种形式并不限制男人同时还有别的女人，即妾、婢等。因此，从严格意义上讲，中国实行的是一夫一妻多妾制。本节将分析妾和婢女等与一夫一妻多妾制相关的制度安排背后的经济理性及一夫一妻多妾制对中国传统社会稳定的影响。

为什么妾的地位要低于妻？

"妻者，齐也，秦晋为匹。妾通买卖，等数相悬。""妻有传家事承祭祀。即具有六礼，娶者二仪。婢虽经放为良，岂堪承嫡之重？"在中国古代，妻、妾和婢女有着不同的地位。同时，妾、婢女与妻子之间的地位也不能互换，妻不能变为妾，妾也不能上升为妻，婢女则只有在有小孩而且从良的情况下才可以上升为妾。如《宋刑统》这样写道："诸以妻为妾以婢为妻者徒两年；以妾及客女为妻以婢为妾者徒一年半。各还以正"，"若婢有子及经放为良者听为妾"。

妻大妾小也不是个别现象，在其他实行一夫多妻制的社会也大多如此。如韦斯特马克这样写道："在一般情况下，显然都有这样的规定：在诸妻之中，有一人享有较高的社会地位，被视为正妻。在大多数情况下，享有这一殊荣的，都是最早娶来的妻子"。（韦斯特马克：《人类婚姻史》）

在妻妾制下，正妻享有妾所没有的地位，妾以正室为女主。妾在一定的程度上还承担婢女的角色，如要侍候好正妻，做好正妻安排的工作，生的小孩子地位也没有正

攀高枝

妻的高，在王位或官职①的继承普遍采取"立长不立幼，立嫡不立庶"的制度。同时，妾、婢与妻之间的地位也不能互换。那么中国古代法律为什么要人为地区分各个妻子的不同地位呢？

我们假设社会上不存在这样的制度，即在几个妻子之间不存在长幼秩序。我们可以预想到的是：每一位年轻美貌的女性都在等，等某位有钱男性的正妻年老色衰时嫁给那位男的，利用自己的年龄和美貌优势在家庭生活中的各个方面取得优势。这导致的结果是没有女性肯做正妻，组织家庭的交易成本增加，家庭乃至社会就会处于不稳定状态。这也正是《铡美案》中，连皇帝老儿都不能改变秦香莲为大，而公主为小的事实。

同时，从婚姻契约的视角看，正妻在嫁给男方之前，并不知道自己的丈夫以后会娶小妾，而小妾则知道在自己之前还有正妻。因此，正妻婚姻合同的风险要高于小妾的婚姻合同。为此，正妻所索取的价格也应该高于小妾，而在家庭妻子内部实行长幼有序是对正妻合同风险的一种补偿。

---

① 如在古代，一定品位以上的官员可以余荫子孙。

"主妾无等，必威嫡子。"与婚姻关系相对应的是继承制度。尽管中国历来在分家时实行有子均分的原则①，但毕竟在官职、家族地位、祭祀等方面实行嫡子继承制。况且，在分家的习惯上，一些家庭也实行长房长孙继承与诸子继承相结合的分家方法。在这种情况下，如果妻妾之间的地位可以转换，也就意味着嫡庶子之间的地位可能会发生变化，这会增加家庭继承制度运行的成本。

小妾制度与中国传统社会的稳定

"朝为田舍郎，暮登天子堂。"中国社会一直存在底层向上层流动的空间，科举制的实行更是为社会阶层间的流动提供了制度保证。良好的阶层流动性有助于社会机体内部的调节和更新，成为维持中国传统社会稳定的重要力量。与面向男性的科举制度类似，妻妾制度的实行也为生女家庭提供了一条社会地位上升的通道。

自愿的市场交易有利于提升交易双方的福利水平。对于有女儿的家庭来讲，其面临着将女儿嫁给谁的抉择。嫁给门当户对的家庭是一种选择，攀高枝则是另外一种选择。但你想嫁别人还不想娶，怎么办？以妾的形式进入是一种好方法。《世说新语》中有这样的记载：

周浚作安东时，行猎，值暴雨，过汝南李氏。李氏富足，而男子不在。有女名络秀，闻外有贵人，与一婢于内宰猪羊，作数十人饮食，事事精办，不闻有人声。密觇之，独见一女子，状貌非常；浚因求为妾，父兄不许。络秀曰："门户殄瘁，何惜一女！若连姻贵族，将来或大益。"父兄从之。遂生伯仁兄弟。络秀语伯仁等："我所以屈节为汝家作妾，门户计耳。汝若不与吾家作亲亲者，吾亦不惜余年！"伯仁等悉从命。由此李氏在世，得方幅齿遇。

因此，对于女方家庭来讲，宁愿将女儿作为妾嫁入社会地位高于自己的家庭也不愿意将女儿作为正妻嫁给社会地位相当的人。可见，前者给女方带来的收益要大于后者。这里要注意的是在中国古代结婚是合两姓之好，而妾与所谓的丈夫之间并不存在（完整的）婚姻关系。从理论上讲，男方与妾的娘家之间并没有相对应的社会义务。但即使是不对等关系也会提升女方家庭地位，原因之一是将女儿卖作小妾可以得到一笔货币收入。有一些家庭甚至为将其女儿买个好价钱，而作有针对性的训练。宋代廖莹中这样写

---

① 该原则在历代有反复，如元代在分家产时就歧视庶子。

道："京都中下之户，不重生男，每生女则爱护如捧璧擎珠。弗长成，则随其资质，教以艺业，以备士大夫采拾娱侍。"原因之二是妾所生的儿子在男方家庭中具有继承权，母以子贵更是常见现象。对于此，尹沛霞在《内闱：宋代的婚姻和妇女生活》中这样写道："女仆可以利用年龄优势吸引主人的注意，多半可能升格为妾。妾可以专注于赢得并保住主人的宠爱，得到礼物和实惠；或许还可以和主人的母亲、妻子、婢女打成一片，使自己在家里有一个较好的处境；她们还可以把精力用于当一个好妈妈，盼望着孩子最终能眷顾她们。"因此，在古代农业社会缺乏社会流动性，妾婢制度为生女家庭从较低阶层向较高阶层的流动提供了一种可能性，也增加了社会的稳定性。

一个稳定的社会，既要存在下层民众向上流动的空间，也需要上面民众向下层流动的可能性。妻妾制度的存在也为富有的大家庭社会地位向下流动提供了一种可能性，而造成这种可能性的是中国历代实施的均分家产制度。如明清时的律令规定："其分析家财田产，不问妻、妾、婢生，止依子数均分。奸生之子，依子数量与半分。"而一夫一妻多妾的家庭，生养小孩的数量往往会多于一夫一妻的家庭。能买得起小妾的家庭往往是处于社会上层的富裕家庭①，经过几辈的分析家产，一夫一妻多妾的家庭可能会因为子女众多而降低家庭的社会地位。这可能是中国相较于实行首子继承制的中世纪欧洲和日本社会流动性更强的原因所在。也可能出于这个原因，为防止家庭财富因为多子女而受到伤害，在清代一些晋商家庭的家规中就规定禁止子女买小妾。

因此，婚姻制度是一项复杂而系统的制度安排，妻妾之间的地位设计等制度是综合考虑家庭内交易成本、继承制度的维持成本因素的结果。

因自愿的交易能提升交易双方的福利水平，女性可以通过以妾的形式进高门户家庭，提升自己和家庭的社会地位，而有钱人多娶妾进而多生养也为社会阶层的流动提供了通道。

_____

① 彭卫在《汉代婚姻形态》中这样写道："统治阶级家庭的子女数，平均每户要比普通人家高出两倍乃至四五倍。"

第 42 节

为什么一夫多妻制逐渐消亡？

备侄娣从者，为其必不相嫉妒也。一人有子，三人共之，若己生之。

——白虎通义

作为一项制度，其存在下去必然需要相关制度的配合。那么，为降低一夫多妻制的成本，社会其他制度方面需要作那些针对性的调整？从人类进入工业化时代以来，一夫多妻制逐渐被一夫一妻制所替代，这种替代产生的原因是法律、道德还是经济？本部分将就以上两个问题展开讨论。

一夫多妻制对相关制度安排的影响

在"管制下的一夫多妻新形式"一节中，我们可知，在一夫多妻制社会中，因女性价格较高，总有一些男性无法娶到女性作为自己的妻子，社会就需要为这些单身汉提供安全阀，使这些人的性欲得以满足。因此，我们可以推测在一夫多妻的世界里，自慰、卖淫嫖娼、男同性恋等行为发生的概率较高，社会对这些现象的容忍程度也相对较高[1]。（波斯纳：《性与理性》）

在一夫多妻制社会中，对女性的需求增加导致社会上未婚女性数量减少，减少了女同性恋发生的可能性。对于娶有多个妻子的男性而言，他们面临着更为复杂的家庭内部关系，为降低各个妻子之间和平相处的成本，丈夫一般对妻妾间的女同性恋行为比较容忍。"女同性恋被认为是女性闭塞的圈子里不可避免的发展结果。"（斯蒂芬·贝利主编：《两性生活史》）丈夫甚至鼓励妻妾之间的同性恋行为，以降低家庭内部的交易成本。这一点在中国古代一些文人的笔记中有着生动的体现。

在一夫多妻制下，妻妾间的矛盾增加了家庭内的交易成本，为减少这种矛盾，在中国古代，不嫉妒被誉为妻子的美德，嫉妒甚至可以成为男性出妻的理由；基于延续

---

[1] 波斯纳在《性与理性》这样认为："穆斯林社会在传统上对同性恋要比基督教社会更宽容。"

胜　出

丈夫家香火原因帮助丈夫纳妾被誉为妻子的本分；为减少妻妾间的冲突，中国的诸侯和士大夫阶层最早实行的是"姐妹共夫"的妻媵制度，比较著名的有娥皇和女英的故事。《春秋公羊传》这样描述道："媵者何？诸侯娶一国，则两国往媵之，以侄娣从。侄者何？兄之子也。娣者何？弟也。诸侯一聘九女。"而实行这种制度的原因则是"参骨肉至亲，所以息阴讼，阴讼息，所以广继嗣也"，即通过妻妾间的亲情减少家庭内的交易成本。波斯纳在《性与理性》中进一步认为："在多偶制社会中姐妹制很普遍。姐妹相互帮忙抚养孩子不仅是在交换服务；她们也是在直接帮助那些与自己有着共同基因的孩子。"与此相类似的制度是在女性出嫁时，父亲会将一直和她一起生活的丫头送给她作为陪嫁，俗称"通房丫头"，以减少妻妾间可能出现的不和。

与此同时，因一夫多妻制常使多妻下的女性的性欲没有办法得到满足，为防止女性出轨，在该制度下对女性的自慰等一般比较容忍。如刘备的祖先中山靖王刘胜为防止自己 140 多个妻妾出轨，亲自设计并找人制造了女性自慰用的阳具。（刘达临等：《大男女》）这一点在伊斯兰世界同样成立。安德烈·比尔基埃等在《家庭史》中这样写道："有时人们容忍婚姻不幸的女子寻欢作乐，对象是同性的人，尚未发育的幼年男性，甚至没有男子气的男人——他们能够长时间勃起却又不排精。"

同时，为防止女性出轨，在一夫多妻制下对女性的控制也较在一夫一妻制下严格，如裹小脚和割礼等更多与一夫多妻制相联系。这一点我们在其他节中有过详细的说明，这里不再赘述。

西方基督教世界在中世纪反对离婚的一个重要原因是如果允许自由离婚，会形成事实的一夫多妻制。因此在前现代社会，相较于一夫一妻制，一夫多妻制社会一般而言离婚较为自由。（波斯纳：《性与理性》）

又因一夫多妻制提高了女性的价格，增加了娶不起妻子的男性的数目。为减少由此所造成的社会不稳定，利用宗教手段鼓励男性独身，如成为佛教寺院中的和尚，成为社会的一种替代性安排。这种相似安排在中世纪西方一夫一妻制基督教世界中同样存在，因为能娶得起妻子的男性有限，许多年轻的女性被送到修道院，独老终身。

为什么一夫多妻制会逐渐消亡？

一夫多妻制为什么会逐渐消亡？一般的观点是基督教的传播和女权主义者的兴起造成了该制度的消亡。贝克尔则认为一夫多妻制消亡的主要原因是随着时代的发展，与一夫一妻制相比，一夫多妻制效率开始处于下风[1]，也就自发地逐渐被一夫一妻制逐出了婚姻市场。韦斯特马克也认为一夫多妻制被一夫一妻制替代的原因之一是："人口众多的大家庭非但不再对生存斗争有任何的帮助，反而被许多人视为不堪忍受的负担。"（韦斯特马克：《人类婚姻史》）

我们也可以从女性从婚姻和市场活动中收益变化的视角考虑这个问题。当男女之间替代程度较差，即女性从事市场活动的边际生产力要远低于男性时，单靠女性无法通过市场活动在社会上生存，一夫多妻制就比较普遍。这是因为在此时，女性保持单身的成本很高，只要男性给出很低的（影子）价格就能吸引女性组建家庭，当然，那些有钱人娶几个妻子也就很正常了。当女性具备自谋生路的能力时，实行一夫多妻的成本上升，一夫多妻制也随之褪色。在此时，女性通过市场活动获得的收益增加，保

---

① 贝克尔在《家庭论》中这样写道："随着昔日社会的愈益城市化和进步，家庭对孩子数量的需求大为减少，而对孩子的教育、健康和质量等其他方面的需求则大大增加。由于男子对孩子质量的边际贡献远远大于对数量的边际贡献，所以，我们的分析正确地预见到：随着时间的流逝，一夫多妻制还会明显减少。"

持单身的收益也随之增加，为娶到女性，男性需要支付的（影子）价格上升，能支付得起多个妻子价格的男性数目减少，一夫多妻制也就随之衰退。如在中国，由于西式工厂的兴起为女性提供了自谋生路的机会，从清末民初开始，妻妾制也逐渐消退。（干学平、黄春兴：《现代经济学入门》）

造成一夫多妻制消退的另外一个原因是随着社会的发展，对小孩质量投资的重要性增加。在此时，将资源集中于少数小孩身上而不是撒胡椒粉一样撒到众多小孩身上吻合基因的收益最大化。"因此，我们可以预见，父亲的养育投入越高，多妻的现象就越少，但并不必然为零"。（波斯纳：《性与理性》）

因此，不是法律，而是工业化，及伴随其而来的女性和小孩价格的上升，提升了女性的家庭地位，改变了传统的婚姻制度，促使一夫多妻制消亡。

但在现实世界中，即使在严格执行一夫一妻制的国家，一夫多妻制并没有完全消亡。有钱人频繁以离婚的形式换妻，二奶、情人和一夜情等也不断在我们身边上演。

第43节

家庭中的利己和利他

他自己的家庭成员，那些通常和他住在同一所房子里的人，他的父母、他的孩子、他的兄弟姐妹，自然是他那最热烈的感情所关心的仅次于他自己的对象……天性把这种同情以及在这种同情的基础上产生的感情倾注在他的孩子身上，其强度超过倾注在他的父母身上的感情，并且，他对前者的温柔感情比起他对后者的尊敬和感情来，通常似乎是一种更为主动的本性……从表兄弟姊妹的孩子，因为更少联系，彼此的同情更不重要；随着亲属关系的逐渐疏远，感情也就逐渐淡薄。

——亚当·斯密：《道德情操论》

经济学的基本假设是人是自利的，但我们可以发现在家庭内普遍存在"利他"现象。这是否意味着经济学的自利假设在分析家庭时是失效的？如果真是那样，就意味着经济学的普适性存在问题。如果家庭内的"利己"与"利他"是统一的，我们又该如何看待"利他"中的"利己"呢？下面具体分析之。

第一，中国古代儒家思想强调，和家人相处、和亲戚相处、和朋友相处、和陌生人相处，人的行为模式是不一样的。费孝通先生将其归纳为差序格局。

恋爱中的女生比较容易问的一个问题是："如果我和你妈同时落水，你会选择先救哪一个？"从经济学的角度看，老婆和父母落水，先救哪个是比较难以选择的事情，因为老婆和母亲与自己之间的关系是等距离的。但如果落水的是你的小孩和亲戚的小孩呢？一般人的选择应该会非常明确：先救自己的小孩子。毕竟，将自己的女儿嫁给有才能但因脾气获罪的人，而将兄弟的女儿嫁给有才能而且不可能获罪的人，是少数现象，否则，孔夫子何以万代师表①！在当今世界，如果出现先救亲戚小孩的现象，新闻媒体会不断报道，搞不好会成为感动中国的人物。为什么？少见呗。因此，家庭（家族）内部的利他主义会随着与自己血缘关系的减弱而减弱，利他主义是以自己为

---

① 《论语·公冶长第五》中有这样两段话："子谓公冶长：'可妻也。虽在缧绁之中，非其罪也。'以其子妻之。"和"子谓南容：'邦有道，不废；邦无道，免于刑戮。'以其兄之子妻之。"

不是一家人，不进一家门

核心展开，利他即是利己的表现形式之一。

西方学者对此有相似的认识。如社会学家帕森斯认为："家庭关系就像一个洋葱一样，可以被看做是具有一系列的层。每一个层都是逐次离位于中心位置的人越来越远的。不断增加的社会距离是以位于'洋葱'结构中心个体和外人之间的关系纽带逐渐弱化来表示的。"（大卫·切尔：《家庭生活的社会学》）

汉密尔顿的亲族选择理论为上述现象提供了社会生物学基础。人们对自己的子孙和有血缘关系的近亲慈善是隐含着基因利益的，因为他们的亲人和他们有着相同或非常近似的基因，帮助亲戚就是使和自己基因相同的基因得到更多的繁衍复制，对亲属的利他实际上是基因的自私。因此，根据该理论，血缘上和我们越近的亲戚，我们对他们就越好。（陈心想：《人为什么会有利他行为？》）

第二，对孩子的爱是基于生物延续自己基因的利己动机。"如果孩子从文化和生物学上继承了类似父母的特性，那么具有较强利他主义的家庭在长期间内就会相对较多。几千年来运行的这种选择机制，将使现代社会里对孩子的利他主义随处可见。"

（加里·贝克尔：《家庭论》）

　　从生物学的视角看，人类的生存是一种基因的延续，表现形式有两种：一种是自己的生存，另一种是保存自己部分基因的子孙后代的生存。这就导致以下抉择：即使父母对于小孩的爱是无私的，其也面临着将资源投向自己还是投向小孩的选择，最终的利他程度取决于这两者之间的抉择。在芝加哥大学1993年的一篇博士论文中，马里根这样写道："父母的选择是被无私心地激发出来的。父母把自己的一些资源奉献给子女，是因为他们希望自己的孩子能够高兴和如愿以偿。父母之所以不将全部资源奉献给子女，是因为子女的成功不是他们的唯一关注。这种关注必须与别的相平衡，特别是花在他们自己身上的渴望。"（奥弗特瓦尔德：《芝加哥学派》）

　　西方的童话故事存在大量邪恶后母或后父的故事，这一点也已经被现实中的调查所证实。"继母（尤其当她们有自己的孩子时）经常坦白说她们憎恶第一次婚姻留下的孩子，并视他们为入侵者。"（转引自《结婚和离婚的法经济学分析》）而从自身基因延续的角度去考虑这一点我们就很容易理解，因为丈夫以前婚姻所留下的小孩会减少拥有自己基因的小孩可用资源的数量，从而对自己小孩的生存造成不利影响。而事实是，不光后母邪恶，社会学者在做调查时同样发现，年轻并具有生育能力的母亲在再嫁后小孩子的死亡率要大于年老并丧失生育能力母亲再嫁后小孩的死亡率，自私的基因在家庭利他环境中得到充分的体现。

　　第三，和市场交换相反，在家庭生活中，利他主义可以减少家庭成员间的摩擦，进而降低家庭内的组织交易成本，从而有效提高家庭成员的产出水平，并保证家庭成员能够抵御自然灾害及其他不可测事件。因此，利己和利他在家庭生活中是相互统一的。

　　第四，在家庭的利他行为中也充满着利己的考量，无论父母对小孩的爱还是小孩对父母的孝均是如此。

　　熊秉元教授在其经济学散文集《金字塔的秘密》中讲到了这样一个故事：如果父母期望将来和子女相处在一起的时间比较长，就会在孩子成长的过程中投入比较多的心血；父母对于和自己住在一起的子女媳婿通常比较严格，但对于住在外地的后生却反而比较和悦客气。从经济学的角度看，人是自利的，如果明知将来不会和子女长久相处，当然比较不会付出（无谓的）心血。还有，和自己同住的子女亲戚可能别无去处，凶一点无所谓；而对在外的子女"垄断力"有限。对他（她）不好以后就不常回

来了。所以，厚此薄彼当然事出有因。而经济学研究同样发现，当子女反哺的程度（比例）越高，父母对小孩子人力资本投资也就越大。因此，要父母给你进行人力资本额外的投资，最好的方法就是和父母签订一个反哺协议，注明你未来收入中的多少比例会给他用于养老。（一笑！）

父母对子女的利他主义的爱中含有利己主义的考量的又一个证据是，经济学家实证研究发现，离婚后非监护方和子女的联系会减少，而他们间的亲子情结也会弱化。（苏珊娜·格拉斯巴德·舍特曼主编：《婚姻与经济》）而其可能原因是离婚后的非监护方得到子女的感情和物质回报的可能性降低。

即使是孝，其背后也包含着利己的因素。父母均希望成年后的子女常回家看看。经济学家的实证发现，富有家庭的孩子比穷人家的孩子更多回家看父母，而对这个现象的合理解释是富有的父母通过遗产权的控制促使子女讨好自己。（贝克尔：《家庭论》）

第五，贝克尔在《家庭论》中提出了著名的"不孝子定理"，意谓为人父母者对于子女都具有"利他心"，都会为子女的利益和幸福着想。虽对不同的子女会有程度上的区别，但基本上都会为每个小孩的利益着想。不过，为人子女者却往往有"自私自利"者，贝克尔就称这些只具"私利"却没有"利他心"的子女为"坏小孩"。"坏小孩"不但不会为其兄弟姐妹的利益着想，甚至不会顾及父母的利益，为了自己的利益还会侵害兄弟姐妹和父母的利益。但可怪的是，这些"坏小孩"也会努力使整个家庭的总产出或总所得增加，只因具利他心的父母会将好处分给众子女。如此，为了自身利益，这些"坏小孩"也会表现得好像具有利他心的乖小孩一样。由此可见，只要父母有利他心理，自利的子女的行为也会表现出明显的利他倾向。而父母对小孩的利他是基于生物学上基因延续的需要，是天生的。因父母的利他，整个家庭成员间也表现为"利他主义"。

第六，我们也可以从家族制的盛行来看待家庭（家族）内的利他主义。从经济学的视角看，家庭（家族）内部承担着互保的功能，在古代缺乏社会保障的农业社会尤其如此。漠视他人利益的自私会导致自己在出现问题时无法得到别人的帮助，甚至丧失生存的能力。因此，家庭（家族）内部形成不着眼于个别事件的利弊得失的利他主义本身就是基于自利，它保证了家庭成员内部能够抵御自然灾害和其他随之而来的不测事件。这一点我们可以从南方和北方对家族强调的差异中得到证伪。经历过中国南方和北方生活的人可以发现，与南方农村相比，北方农村家族观点比较弱。如何解释这个现象？其实，这一点可能与南方和北方农民需要的互保程度不同有关。北方发生天灾的几率要小于南方，而且，北方人均耕地要多于南方。北方人能在比较少依靠亲戚的情况下生活下去，而南方则不行。因此，家族制在南方盛行，而在北方较弱。现在温州人在做生意的过程中老乡帮老乡、亲戚帮亲戚，成为中国最富裕的地区之一。学者的研究发现温州人内部所形成的"温州帮"现象，和温州人在下海捕鱼过程中形成的互助和风险共担的传统有关。

因此，尽管家庭是利他主义存在的重要根据地，但利他背后的利己是利他主义形成的基础。

第 44 节
血亲融资的作用

在传统社会中，家庭——或者更准确地说，亲属家族——在很大程度上是非常重要的，因为它可以保护家庭成员抵御不确定性……由于同一家族的人生活在一起，或者比较接近，因而便于了解家庭成员的性格特征、观察家庭成员的行动。

——贝克尔：《家庭论》

在中国传统社会，家庭和家族是一个互助和互保的机构，运作良好的家庭能有效提供现代社会由国家和社会所提供的不少功能。尽管随着社会的发展，出现了国家和社会对家庭功能的一种替代，造成扩大型家庭和家族制度的衰落，家庭的核心化成为现代社会一个重要的特征。但家庭和家族在与市场和社会的竞争中，因家庭具有信息和利他主义等方面的优势，仍提供着许多社会可以提供的服务，血亲融资就是其中一例。

资金对于企业，相当于血液对于人体，一个企业要不断地发展壮大，离不开源源不断的资金支持。对于广大的民营中小企业而言，依赖资本市场的直接融资方式在资本市场不发达的中国直到现在仍然比较困难。基于政策和银行规避风险的原因，民营中小企业能利用的以银行为媒介的间接融资方式也十分有限。即使能通过这种方式筹集到资本，成本也是非常高。为解决资本的缺乏问题，私人借贷、集资乃至非法的高利贷等也成为不少企业不得已的选择。在这之中，以血缘和亲友关系为基础的融资在解决小额资金缺口中起了很大的作用，成为一种重要的融资手段。

血亲融资是一个包括项目可行性评估、借款、事后信用评估及奖罚等整个过程，具备了其他融资方式所不具备的特点和效率。具体来讲：

（1）创业或扩张现有产业的可行性能得到评估和修改。作为设想，一个人往往会有考虑不全面的地方，对事情难度等方面的估计也会出现偏差，而亲戚之间的讨论，尤其是曾经经历过类似事情的亲朋的意见，能够使计划得以完善。而且，在计划执行中有可能出现的问题也能在亲戚之间得到讨论。因此，血亲融资能减少不确定性，提

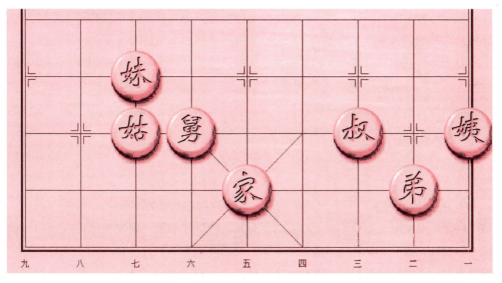

亲人的作用

高了投资项目的可行性和成功的概率。

另外，企业家才能是能够识别市场上其他人认识不到的机会的能力。在创业初期，市场并无企业家个人才能方面的信息，通过市场筹资基本不可能。亲朋之间对投资机会的认识也往往会存在差异，但与市场筹资相比，亲戚间的沟通相对容易，成本相对较低，而且基于亲情等理由，亲朋间即使对投资项目有不同的意见，仍会给予一定力度的支持，这就和银行等金融机构形成鲜明的对比。

（2）因为都是亲朋好友，所以对各自的信用、能力等情况比较的了解。有信用和能力的人大家会比较放心地多借钱给他，而信用和能力不足的人，能筹集到资金相对就会比较少（当然，基于亲情和面子，这些人一般也能筹集到一些资金）。这将迫使借款者提高自己的"信用等级"，以便在未来需要时能得到亲朋最大限度的协助。

亲戚之间的借款好多都是没有书面凭证的，但提供借款和归还借款承诺是非常可信的，失信于一个人就是失信所有的人，尤其是参与借款的亲戚。即使某一次失信可以得到很大的收益，但与高额成本相比，收益也是非常小。失信也就意味在相关亲戚群中信用等级下降乃至信用缺失，这会增加其未来血亲融资的成本甚至使其未来通过血亲融资的方式筹集资本成为不可能。并且，这个群体中其他成员所拥有的社会资本（关系网络）也有可能向其乃至其后代关闭，这将对一个人、一个家庭在社会上的生

存和发展造成很大的困难。而且，由于信息传播等问题，在一个群体中的失信也往往导致其在其他群体中信用等级的下降，这就进一步增加了失信的成本。

基于此，我们可以将个人和族群其他成员之间的关系看成一个无限次重复博弈的过程，理性的个人出于追求长期利益的动机，不会为了短期的利益而损害自己的信用。而以聚会的形式完成血亲融资，更因为加入了第三者惩罚，进一步增加了失信的成本，使守信成为筹资者的理性选择。

（3）血亲融资是一种低成本和有效的融资方式。如（2）所述，关于个人以往信用的信息在亲朋中近于透明，而且具有非常完备的信用保障机制（无限次重复博弈和第三者惩罚），失信的成本非常巨大，因此，在一般的直接和间接融资中常见的信用评估等问题在血亲融资中就不必进行。这就有效地降低了融资方需要支出的融资的交易成本。而且，因为借款是以出借人将来需要协助时融资人同样予以支持为条件，在一般情况下，不需要支付利息，即使需要支付利息，也远较地下钱庄等非法金融机构为低。因此，血亲融资是一种低成本的融资方式。

血亲融资同样也是一种有效的融资方式。与个人信用在群体中近乎完全信息相类似，群体成员的经济状况对于群体内部人员来讲也可以猜测个八九不离十。因此，在群体聚会时，除了对融资者的信用存在约束机制外，对资金提供者也有相类似的约束机制来保证融资的实现。因为在融资过程中，大家都会按照设想的可行性、融资者的信用和能力、自己的能力、与融资者关系（如血缘等）的远近、其他人的出资情况等因素决定资助融资者的资金数额。同时，每一个人也会对其他人可能提供的资金数额有一个预期。而当一个人所意愿提供的资金额与大家预期其"可能"（更确切地讲是"应该"）提供的资金额差距较大的时，对其所造成的影响也和融资者的失信相类似，即大家会降低其在群体中的地位，从而也降低其在需要帮忙和支持时大家给予支持的力度。因此，血亲融资不仅仅对融资方的失信有相应的制约机制，对于出资方也有相应的约束机制。这促使其按实际能力等情况提供相应的资金，具有双向信用约束的特点，从而也能更有效地促进融资的实现。而一般的直接融资和间接融资就没有对出资方必须出资的制约机制，融资的难度也就大于血亲融资。从这个意义上讲，血亲融资也是一种有效的融资方式。

（4）融资也意味着投资。从总体上看，这种制度设计是群体内富有的家庭支持相对较差的家庭，"不用办事情的家庭支持需要办事情的家庭"。但基于群体其他成员变富后对于我需要支持时能增加支持的力度，群体的社会资本的增加能使我将来处理事情时比较方便等理由，富有和"不用办事"的家庭也愿意支持那些需要融资的家庭。因此，从这个视角看，对需要融资或帮助的家庭或个人的支持也就是对家族群体公共利益的投资，也就是对自己未来的投资。

而且由于资金来源于各个族群，高度分散，即使需要融资的数额较大，作为单个人或一个小家庭需要支持的也不会很多，不需要将"鸡蛋放在同一个篮子里"，这也就将风险控制在个人所能承受的范围之内。因此，血亲融资是一个利益共享、风险共担的融资方式。

（5）血亲融资的各方之间的关系不仅仅是资金的交流，群体中小孩子的教育、老人的抚养、社会关系的梳理等也都是各方联系的纽带。这些问题虽然看起来和血亲融资没有关系，但却是将群体打造成群体利益共同体的血缘基础和社会基础。从这个意义上讲，血亲融资不仅仅是建立在利己主义的基础上，贝克尔所谓家庭内部的利他主义在血亲融资中也起到一定的作用。

血亲融资也存在融资规模过小等问题，但作为一种重要的融资方式，它在中国的中小企业发展中起着重要的作用。尤其在创业阶段，因为信号难以显示等问题，企业家很难通过金融市场和金融机构筹集到创业所需要的资金。而血亲融资则因为群体内部的利他倾向和双向信用约束机制，成为创业者得到其所需要的资金的重要方式。

第 45 节
没有未来的人类婚姻

这一代男子一生中将永远不会用金钱或其他社会权利手段去买得妇女的献身；而这一代妇女除了真正的爱情以外，也永远不会出于其他某种考虑而委身于男子，或者由于担心经济后果而拒绝委身于她所爱的男子。这样的人们一经出现，对于今天人们认为他们应该做的一切，他们都将不去理会，他们自己将做出他们自己的实践，并且造成他们的据此衡量的关于个人实践的社会舆论——如此而已。

——恩格斯

离婚率越来越高，同居成为潮流，婚外出轨的比例越来越高，选择独居的单身贵族越来越多，小孩子越生越少，婚外生育越来越普遍……

"在人均寿命不断延长的时代，一夫一妻制还适合富裕起来的人们追求多样化的生活和享受吗？"（李晓宏：《中国遇婚姻动荡期　婚外情成最大"杀手"》）。现代婚姻怎么了？人类婚姻还有未来吗？本部分试图应用经济逻辑对这个问题进行推测。

本文的观点基于经济学的逻辑推理，可能比较惊世骇俗，不当之处还望各位读者批评指正。

人类婚姻会走向灭亡

作家池莉说："家庭一直是一个激烈动荡的地带，是一个改弦易辙与时俱进最快的世界。"本人关于人类婚姻即将走向灭亡的论断，也正是基于婚姻约束条件的变化，推论而得。关于婚姻的具体约束条件的重要变化有以下几点。

人类婚姻的生物学基础已经不复存在。

人类婚姻的生物学基础是：女性用贞洁换取男性对自己及小孩的抚养。（详见本书"处女情结、杀头子和人类婚姻的生物本质"一节）婚姻中的男性给女性一个承诺，抚养女性和双方共同生育的后代；女性给男性一个承诺，男性所生养的后代的确是男性的。对于此，邢铁在《宋代家庭研究》中这样写道："之所以要通过结婚来限制性生活的范围，显然是要把'性生活—生育—抚养'搞成一个保障体系，即两个人生的小孩血缘关系清楚，责任权利明确，孩子得到正常的抚养。"

现阶段，随着基因技术的进步，通过生物手段可以低成本地进行亲子鉴定。这就从技术上保证男性不会抚养错小孩，男性对女性的婚前和婚后守贞的强调得以降低，婚前同居和婚外性关系的增加只是对这种技术进步及其社会影响的合理反应罢了。亲子鉴定技术的进步同样意味着无论是否组建家庭，男性都无法摆脱抚养自己小孩的责任。君不见在欧美以及港澳台地区，时常出现某位富豪去世后有妇女拖儿带女地要求参与遗产的分配，而最终的分配取决于亲子鉴定的结果。

因此，随着生物技术的进步，家庭存在的社会生物学基础，即男女双方在一起生活共同抚养小孩已经不存在。

第二，女性大规模参与市场活动以及社会保障体系的建立和完善减少了女性对婚姻的依赖。

在传统社会，女性以家庭内劳动换取男性对其以及子女的抚养，女性对婚姻和家庭有着很深的依赖关系。但在现代社会，女性越来越多地参与市场活动，通过其自身的工作也能养活自己和小孩，她对男性的经济依赖，即婚姻的依赖程度减小。

与此同时，社会保障体系的发展也使得父亲在子女抚养中的地位下降。在传统社会，因女性缺乏独立生存能力，她和子女的生存有赖于男性的经济支持。但在现代社会，随着社会保障制度的发展，纳税人共同帮忙无法独立抚养小孩长大的妇女抚养孩子。这就形成社会保障制度对父亲角色的一种替代，同样减少了男女间组建家庭以共同抚养小孩的必要性。

第三，市场交易的技术进步速度快于家庭内交易的技术进步速度，市场将不断替代家庭功能，这就造成了结婚收益的不断减少。

婚姻是男女性以家庭的形式获得分工合作的利得。从交易成本的视角看，家庭能提供的商品和服务，如性、小孩、家务劳动、保险和教育等，市场同样能提供。人类需要通过婚姻的形式组建家庭的原因在于通过市场交易得到这些服务的成本大于通过家庭内交易的成本。

随着社会的发展和技术的进步，由市场提供传统上由家庭提供商品和服务的成本大幅度下降。如随着网络的发展，性的可得性增加；随着服务业市场的发展，家政服务的数量在不断增加，质量也在不断提升；作为重要的专用性资产，孩子的数目随着

成本的上升或生育管制而下降；组建家庭的保险功能被社会和商业保险所部分替代等。但通过家庭提供的成本并未发生很大的变化，这就产生了市场交易对家庭内交易的一种替代。无论是家庭规模变小和核心化，还是主动选择单身，均是市场交易替代家庭交易的典型反应。

在可以预见的将来，社会将继续向前发展，市场交易的成本也会进一步下降，市场交易对及家庭交易的替代仍将不断深化。当市场交易的成本全面低于家庭内交易的成本时，家庭存在的经济基础也将消除。

因此，在基因技术、社会保障制度和市场交易成本等因素的多重夹击下，婚姻存在的基础在不断丧失。在可以预见的将来，人类的婚姻制度可能会消失或以其他形式出现：爱情在，两个人"结合"；爱情消失，两个人分手；如果有小孩子的话，两个人共同出钱出力抚养。

母系社会会复兴

如果人类的婚姻制度消失，新的家庭形式可能是什么呢？本人推测的结果是人类将重新回到母系社会。

在人类进入父系社会以前，存在相当长时间的母系社会。中国古代文化典籍对此有着生动的描述。如《吕氏春秋·恃君览》中就这样写道："昔太古尝无君矣，其生聚生群处，知母不知父，无亲戚兄弟夫妻男女之别，无上下长幼之道。"

母系社会在社会生产力比较落后的阶段存在的可能原因是：在初民社会，社会生产力较低，无论是成人的死亡率还是幼儿的夭折率均很高。单个男性并无法给予一个（或多个）女性及其小孩足够的资源以保证其生存，因此女性只能以性资源换取多个男性对其提供保护以降低她和小孩的生存风险。男性也将其资源分散于众多女性之中以降低其基因延续的风险。因性关系是多对多的关系，这就使小孩只识其母亲而不识其父亲。

随着生产力的发展，当单个男性已经有能力抚养一个或多个妇女及双方共同生育的小孩时，以婚姻的形式规定性交范围，女性以贞洁换取男性的资源以保障自己和小孩的生存成为男女性各自的理性选择。

随着基因技术的进步和父亲提供的资源对女性和小孩的重要性不断下降，婚姻制度可能解体，人类也可能重新回到母系社会。对于这一点，一些学者在分析离婚率不断增加对家庭的影响时有过论述。如安德烈·比尔基埃等在其名著《家庭史》中这样写道："在多数情况下，离婚时'继承'孩子的也是母亲"，"至于以母亲为中心的家庭，在连续离婚日益增加的现代社会里，这种家庭难道不正在替代我们现在实行的一夫一妻制的夫妻家庭吗？"

下面进一步说明该观点。

从整体上来说，女性通常比男性更关心和愿意抚养子女，这是由天演所决定的。无论是在人类还是在非人类的哺乳动物世界中，男性在生育资源上的投入均不如女性，而且因一个男性可以让许多女性受孕，生育的风险也小于女性。而正是这些成本或代价的差别决定了女性在基因的延续方面要较男性付出更多。这就使男性要远较女性花心，不放过任何可能延续基因的机会，而女性则精挑细选男性以保证自己所延续基因的质量，并能够提供足够多的资源抚养后代。有"母性"这一常用词而很少听到有人说"父性"一词就说明了这一点。在离婚判决中，女性通常得到子女的实际监护权只是对两性生理特征差异的法律表达。婚姻其实是女性在无法单独将小孩抚养长大的情况下，以贞洁换取男性资源的一种手段，它是对男性天生流浪性的一种约束，本质上保护的是女性及其后代的利益。而在生物技术的协助下，女性不需要将男性绑在其周围就能保证她能获得足够的资源养育小孩，或当社会保障制度能替代丈夫和父亲的角色给予妇女和小孩足够多的资源时，女性就不需要以婚姻约束男性，以贞洁换取男性的支持。男女性间会以爱情为基础组建生活共同体。爱情在，一起生活；爱情亡，分手。如果有小孩，和母亲一起生活，（不在一起生活的）父亲出抚养费。

我们应该如何面对人类婚姻的未来

尽管有一些社会学家认为婚姻制度是反社会的，但从人类文明史看，各个文明普遍对婚姻持有正面的观点，因为婚姻制度与生育，进而与民族（文明）的延续紧密联系在一起。

随着现代社会对"私人自由"的强调，对离婚、出轨和婚外生育等现象的看法日趋宽容和中性，法律对这些现象的干预也日渐减弱，加上因女性大规模参与市场劳作，社会保险等制度的建立，使婚姻对个人的价值下降，从个人利益最大化的角度，选择无婚姻生活或多次重复婚姻过程进而实现事实上无婚姻生活的个人也越来越多。这就给人类的婚姻制度造成了很大的冲击，并形成了"人类婚姻没有未来"的趋势。

人类婚姻的未来就是没有未来

不少学者为此忧心忡忡，从道德或社会利益或小孩的角度批判这种趋势，希望法律和社会能积极行动起来改变这种趋势，重塑婚姻的价值。如一位美国学者（Gallagher，转引自《结婚和离婚的法经济学分析》）如此写道："当离婚和不法行为成为一种普遍现象，当单亲关系首次具有竞争力并最终取代双亲关系，当不止一些而是许多或绝大多数父母采用一种危险的模式养育子女，结果不仅使某些孩子遭受痛苦，还将导致整个社会的贫穷和美国文明的快速崩溃。"

为此，重塑婚姻价值在西方世界已经成为一种新的社会思潮，并被政府和宗教团体所推动。该思潮主张强调婚前贞洁，签订更难离婚的契约婚姻等，希望以此来改变婚姻价值流逝的现状。伴随中国社会婚姻问题日益严重，该思潮也已经在中国得到快速传播并得到不少人的支持。那么，该思潮能否改变人类婚姻不断消亡的趋势呢？

法律和思潮的背后是经济理性。如果法律或思潮与经济理性相吻合，就会长久地对社会产生影响；如果该思潮与经济理性不相吻合，则能起到的作用有限。就美国强调婚前贞洁的"银戒指"运动而言，根据社会学家的调查发现，尽管该运动能使签订婚前贞洁协议的女性开始性生活的时间推后 18 个月，但仍无法保证婚前贞洁，多数女孩依然在 20 岁之前开始性生活。并且从统计学的角度看，我们并无法排除这样的可能性，即本身对贞洁比较看重的女孩才会去购买"银戒指"，即使没有该项运动，这些女孩子开始性生活的时间也会晚于社会平均水平。

因此，婚姻价值的逐渐丧失是婚姻制度成本收益变化的结果。宣传和法律尽管可以在一定程度上减缓婚姻制度消亡的速度，但因其并没有显著改变维持婚姻的成本和收益，其也就无法从根本上改变婚姻逐渐消亡的命运。

此外，一些人从道德的角度对婚姻价值的逐渐消亡表示了担忧。其实，人类的道德会随着人类的发展不断地演进。现代人看 500 年前的婚姻道德，会觉得非常可笑；500 年后的人们看现代人的婚姻，可能也会觉得非常可笑。在特定的婚姻制度下会有与其相适应的婚姻道德。婚姻制度改变，婚姻道德也会随之发生改变，前引恩格斯在《家庭、私有制和国家的起源》中的言论说明的正是这一点。

在无婚姻状态下如何约束男性"只生不养"行为？社会保障体系是否应该为男性的"只生不养"行为买单？如何减少父亲角色的缺乏对孩子所造成的伤害？……法律，你已经为人类无婚姻的未来做好准备了吗？

后　记

　　从 2010 年底接到写作《婚恋与选择》的任务到今天已经过去整整半年，这半年的写作让我深刻地体会到"痛并快乐"的生存状态。也许在业余时间写作经济学小散文是一种快乐，但将写作经济学散文作为一项正式工作则面临诸多的压力。如何选择读者可能有兴趣且经济学分析能够出彩的题目则是诸多难题中最大一个。曾经数次因为没有找到合适的选题而中断写作，此时前辈学人的著作成为寻找新选题的灵感所在。不少人将自己写的书比喻成自己的儿子。当本书完成之时，我深刻地体会到这个比喻的恰当性。

　　在本书酝酿和写作过程中，得到不少前辈、同事和学生的帮助。当然最应该感谢的是我的导师郭誉森教授。同门师弟就时常这样取笑我："今天你又将郭老师思想的哪部分变成文字了？"本书中不少想法来源于和郭老师日常的闲谈之中。"人类的婚姻没有未来"，"人类即将重新进入母系社会"，熟悉郭老师的人看到这些论断，就知道其中的"郭氏味道"。可惜的是笔者才疏学浅，将郭老师深邃的思想能变成的文字百无一二，更无法变成经济学的通用语言的"数学模型"，只能向郭老师表示歉意了。

　　文笔朴质的台湾大学熊秉元教授经济学散文一直是本人的枕边书。熊秉元教授也是我与经济学散文结缘的"介绍人"，是熊教授将我的"涂鸦之作"介绍给了《经济学家茶座》编辑部，开始了我与经济学散文的一段"约定"。

　　感谢同事赵媛 MM 对我的宽容，为了写作这本书，不得不一次次推迟展开大家商量好的课题；感谢台湾教授胡春田、毛维凌和马泰成等对本书写作的建议；感谢同事寿纪麟教授、陈志平教授、李芮 MM、李丹 MM 和经济与金融学院孙早教授、李英东副教授，以及朋友郑庆华和郑庆祥兄弟、张卫航、南文海、王志锋、马光辉和姚昕对本人学术发展和本书写作的建议和鼓励；感谢西安交通大学金禾经济研究中心的学生和选修我"社会问题经济学分析"课程的同学，能够容忍一个年轻的老师在讲台上狂喷爱情和婚姻是理性的，你们的意见对本书的完善至关重要。

　　感谢《经济学家茶座》编辑部对本书写作的支持。《经济学家茶座》对中国普及经济学丰功至伟，后人在评述 21 世纪中国经济学发展时，《经济学家茶座》将会是一座绕不过去的高山。

　　感谢父母对我求学的支持和爱人门敏对家庭的付出。宝贝女儿俞欣言让我深刻地体会到"小孩是父母快乐的重要源泉"，也理解了小孩作为一种专用性资产对婚姻的价值。尽管时常因为写作而影响陪伴你成长，但你成长中的点滴我将铭记在心。

　　本书的写作材料来自于教学，也将在未来应用于教学，陕西省本科教改重点项目（09BZ03）为本书的写作提供了经费支持，本书也为该项目的阶段性成果。

俞炜华

2011 年 6 月 11 日于古都长安